Die Karlsbader Kur im Hause

Ihre Indikationen und ihre Technik

Von

Dr. Oscar Simon
Arzt in Karlsbad

Zweite, neubearbeitete und vermehrte Auflage

Springer-Verlag Berlin Heidelberg GmbH

1936

ISBN 978-3-7091-2150-4 ISBN 978-3-7091-2194-8 (eBook)
DOI 10.1007/978-3-7091-2194-8
Softcover reprint of the hardcover 1st edition 1936

Vorwort.

Obwohl seit dem erstmaligen Erscheinen dieses Werkchens zahlreiche grundlegende Arbeiten auf dem Gebiete der Balneologie unseren Auffassungen über die Pharmakodynamik der Mineralwasserbehandlung viele neue Blickpunkte erschlossen haben, hat sich die Technik der Karlsbader Trinkkur, die zum größten Teil auf Empirie gegründet ist, relativ wenig geändert. Vor 85 Jahren klagte WUNDERLICH in seiner Antrittsvorlesung in Leipzig, daß die Therapie, „die Spitze und Endziel" aller ärztlichen Bestrebungen, in wissenschaftlichen Kreisen oft mit mitleidigem Achselzucken abgetan wird. Auch die Balneotherapie, obwohl vielfach fundiert auf Experiment und Klinik, erfährt heute noch von den ewig Gestrigen in der Medizin, für welche nur das existiert, was sie wägen und messen können, eine leicht ironische Betrachtung. Trotz aller Veränderungen der theoretischen Konzeption in der Pathologie und Klinik, hat sich aber die Balneotherapie noch immer einen wichtigen Platz im ärztlichen Behandlungskreise bewahrt. Bestrebt, die Mineralwasserbehandlung mit den modernen Grundsätzen der allgemeinen Therapie und Diätetik in Einklang zu halten, war ich genötigt, manche Kapitel einer völligen Neubearbeitung zu unterwerfen. Ich hoffe, daß das Büchlein auch in der neuen, etwas vergrößerten Gestalt sich unter den praktischen Ärzten viel Freunde erwerbe.

Herrn Dozenten Dr. med. EMIL STRANSKY, dem Leiter des balneologischen Institutes in Karlsbad, bin ich für die freundliche Durchsicht und wertvollen Winke zu bestem Danke verpflichtet.

Karlsbad, im März 1936.

Dr. Oscar Simon.

Inhaltsverzeichnis.

Allgemeine balneotherapeutische Betrachtung.

So wie jedes pharmazeutische Agens durch gleichzeitige Anwendung physikalischer therapeutischer Hilfsmittel wie: Ruhe oder Bewegung, Wärme oder Kälte, qualitative und quantitative Veränderungen der Ernährung usw. in seiner Wirkung gefördert und gehemmt werden kann, so vermag auch eine Karlsbader Kur nur mit der Unterstützung der ganzen medizinischen Technik ihre maximale segensreiche Wirkung zu entfalten. Die Entfernung des Kranken aus seiner gewohnten Umgebung und der oft aufreibenden Berufstätigkeit übt allein schon einen wohltätigen Einfluß auf das Gesamtbefinden aus. Der Verkehr mit zahlreichen Sprudelpilgern, welche, gleich hoffnungsfreudig, in Karlsbad Genesung suchen oder durch die Kur bereits gefunden haben, heben Mut und Zuversicht der Leidenden. Badeprozeduren der verschiedensten Art, Mechano- und Elektrotherapie sind wertvolle Behelfe unserer Bestrebungen; aber doch nur Behelfe. Als kardinales Kurmittel gilt uns immer das Thermalwasser in seiner Verwendung zur Trinkkur. Die tägliche ärztliche Erfahrung erhellt immer wieder die alten Beobachtungen, daß diese Karlsbader Trinkkur am Quellenorte unter Berücksichtigung der eben erwähnten Faktoren nachhaltigere und weitergehende klinische Effekte erzielt als die sogenannte Hauskur. Die Vervollkommnung unserer Kenntnisse von der Natur der Lösungen, die uns die Bedeutung der Dissoziationsgröße eines gelösten Salzgemisches für pharmakodynamische Aktionen erkennen ließ, hat die lange von den Ärzten vermuteten Änderungen der chemischen Dignität des Mineralwassers durch Abkühlung und längeres Lagern mit dem Nachweis bewiesen, daß tatsächlich die Spaltung der Salze in Ionen beim Versandwasser eine geringere ist als bei dem frisch zutage tretenden Quell und darum auch die eigentliche physiologische Aktionsgröße eine reduzierte sein muß. Dazu kommt auch noch der trotz aller modernen Errungenschaften bei der Abfülltechnik und Verwahrung unvermeidbare Verlust an freier Kohlensäure und den übrigen Quellgasen, unter denen die Radiumemanation eine auch therapeutisch bedeutsame Rolle spielt. Der native Mühlbrunnen enthält die beachtliche Menge von 31,5 Mache-Einheiten im Liter, seine Konzentration an Emanation beträgt demnach 114,7 Eman. Es kann heute keinem Zweifel mehr unterliegen, daß der Emanation auch bei Trinkkuren eine bedeutsame Heilwirkung zukommt, und eigens angestellte experimentelle Untersuchungen von STRANSKY haben ergeben, daß die dem Mineralwasser zukommende Einflußnahme auf den Mineralhaushalt durch Emanation wesentlich gefördert wird. *Wir können daher in einer Kur mit versendetem Karlsbader Mineralwasser nur ein Surrogat einer Behandlung am Quellenorte sehen,* zumal auch die Veränderlichkeit des Gehaltes an freier Kohlensäure beim Lagern und Wiederaufwärmen sowie das spurenweise Ausfallen der Eisen- und Kalksalze nicht in ihrer Bedeutung für den pharmakodynamischen Nutzeffekt verkannt werden dürfen. Gleichwohl hat eine tausendfältige klinische Erfahrung bewiesen, daß auch das versendete Karlsbader Mineralwasser bedeutende heilsame Wirkungen bei richtiger Indikationsstellung entfalten kann[1]). Die experimentell festgestellten biologischen Wirkungen des Karlsbader Mineralwassers sind auch fast durchwegs mit Versandwasser ausgeführt worden. Ungezählte Leidende, welche durch äußere Umstände verhindert waren, selbst zur heilkräftigen Quelle zu wandern, verdanken einer methodischen Karlsbader Hauskur ihre Wiederherstellung. Auch dann, wenn eine Wiederholung der Mineralwasserbehandlung im Laufe eines Jahres geboten erscheint, wie z. B. bei der Cholelithiasis, dem Ulcus ventriculi u. a., erblicken wir in der Haustrinkkur eine sehr wünschenswerte Ergänzung der kurörtlichen Therapie.

Die Karlsbader Thermen gehören zur Gruppe der sogenannten alkalisch-salinischen Wässer[2]) und innerhalb dieser zu den sogenannten Glauberquellen. Sie sind besonders charakterisiert durch das Verhältnis der drei hauptsächlichen Anionen: Chlorid verhält sich zu Sulfat und zu Hydrokarbonat wie 1 : 2 : 2. Die relativ geringen Verschiedenheiten in der Zusammensetzung der

---

[1]) Das Mineralwasser wird in einem eigens 1932 erbauten Gebäude versandfähig gemacht, bei welcher Prozedur die modernste Fülltechnik zur Anwendung kommt. Die Flaschen sollen tunlichst kühl und liegend aufbewahrt werden; die Erwärmung darf nur im Wasserbade, nicht über freier Flamme erfolgen.

[2]) Alkalisch nur nach Entfernung der CO_2.

an 14 verschiedenen Orten zutage tretenden Quellen sind eine Funktion der Höhe der Auslaufstelle, des Verlaufes der Quellspalte und der durch diese Umstände bedingten Änderung der Temperatur und damit des Gehaltes an Gasen. Die Dosierung dieser letzteren, für die individuelle Therapie höchst wichtigen Faktoren besorgt in Karlsbad die Natur selbst. Durch die notwendige künstliche Erwärmung des einmal erkalteten Wassers bei der Hauskur wird adsorbierte CO_2 ausgetrieben, aus Alkalihydrokarbonaten werden Karbonate, Erdalkalien und Eisen werden zu teilweiser Ausfällung gebracht. Man zieht deshalb bei den Hauskuren die an gelöster CO_2 reicheren und darum kochbeständigeren und haltbareren kühlen und mitteltemperierten Wässer, wie den Mühlbrunn, den an gelösten CO_2 ärmeren heißen Quellen, z. B. dem Sprudel, vor. Je heißer die Quelle, desto weniger kann sie ihr Gas zurückhalten, das dann als freies Gas leicht entweicht. Keineswegs entspricht aber eine Auflösung von Sprudelsalz in Wasser dem nativen Mineralwasser oder dem in Flaschen abgefüllten Versandwasser. Die bei der Darstellung des genannten Quellproduktes in Verlust gehenden Erdalkalien, Eisen usw. gehören zu den unentbehrlichen Bestandteilen der mineralischen Struktur unseres Heilwassers. Das Sprudelsalz hat andere Indikationen und soll zu systematischen Trinkkuren nicht verwendet werden.

Ich gebe im folgenden die Ergebnisse einer im Jahre 1910 von Ludwig und Zdarek in Wien ausgeführten Analyse des Sprudels wieder, die auch nach physikalisch-chemischen Gesichtspunkten ausgeführt wurde. Die chemische Zusammensetzung der Karlsbader Mineralwässer hat sich seit der ältesten, um etwa 1770 von dem genialen Karlsbader Arzte David Becher ausgeführten Analyse, welche nebstbei die erste brauchbare und richtige Mineralwasseranalyse überhaupt war, bis heute gar nicht geändert und zeigt damit eine ganz wunderbare Konstanz in der Komposition einer so hochkomplizierten Salzlösung.

Spezifisches Gewicht: 1,00515 bei 17,2° C.

Temperatur: 71,1° C bei einer Lufttemperatur von 20° C.

Ergiebigkeit: 1700 Minutenliter.

In 1 kg des Mineralwassers sind enthalten:

	Gramm	Millimol	Millival (Äquivalentprozente nach C. v. Than)
Kationen			
Kalium	0,08569	2,1915	2.1915
Natrium	1,67494	72,8235	72,8235
Lithium	0,00230	0.3286	0,3286
Ammonium	0,00028	0,0155	0,0155
Kalzium	0,12178	3,0377	6,0754
Strontium	0,00013	0,0015	0,0030
Magnesium	0,04365	1,7984	3,5896
Ferro	0,00150	0,0269	0,0538
Mangano	0,00022	0,0040	0,0080
Zink	0,00006	0,0090	0,0018
Aluminium	0,00015	0,0055	0,0165
			85,107
Anionen			
Nitrat	0,00074	0,0119	0,0119
Chlorid	0,59289	16,7199	16,7199
Bromid	0,00215	0,0269	0,0269
Jod	0,00003	0,0002	0,0002
Fluor	0,00200	0,1053	0,1053
Sulfat	1,62012	16,8640	33,7280
Hydrophosphat	0,00023	0,0024	0,0048
Hydroarsenat	0,00015	0,0011	0,0022
Hydrokarbonat	2,10500	34,5084	34,5084
Borsäure (meta)	0,00277	0,0630	
Kieselsäure (meta)	0,09388	1,1978	
Organische Substanzen	0,00267		
	6,353	149,73	85,107
Freies Kohlendioxyd	0,40810	9,2752	
	6,761	159,01	

Daneben Spuren von Zäsium, Rubidium, Thallium, Barium, Selenat, Antimon und Ameisensäure. Charakteristisch für die juvenile Genese des Wassers ist das gegenseitige Verhältnis der Anionen Chlorid : Sulfat : Hydrokarbonat mit 1 : 2 : 2. Die Quellgase bestehen nach der Analyse des Prof. HENRICH in Erlangen aus reiner CO_2 mit 1 Volumpromille von in KOH unlöslichen Restgasen, welche sich aus 96,3% N, 1% O und 2,65% Helium und Argon zusammensetzen. Gefrierpunkt: — 0,307° C;

daraus berechnet Zahl der Gramm-Molen und -Ionen pro Liter Wasser — 0,1668; osmotischer Druck — 3,71 Atmosphären.

In letzter Zeit wurden mittels funkenspektrographischen Verfahrens noch neun neue Elemente im Mineralwasser festgestellt: Beryllium, Wismut, Kobalt, Niobium, Neoytterbium, Ytterbium, Gallium, Germanium und Zinn (SCHEFFER und MÜLLER). Mit der gleichen Methode haben HELLER und WAGNER die Menge des Rubidiums mit 1 mg und des Caesiums mit 0,15 mg im Liter bestimmt.

ZEYNEK fand die Bestandteile bis 96,9% dissoziiert.

Würden die einzelnen Bestandteile zu Salzen gruppiert, so ergeben sich für 10.000 Gewichtsteile Wasser folgende Werte:

Schwefelsaures Kalium 2,337
Schwefelsaures Natrium 23,171
Chlornatrium 10,132
Fluornatrium 0,051
Borsaures Natrium 0,030
Kohlensaures Natrium 12,623
Kohlensaures Lithium 0,091
Phosphorsaures Kalzium 0,004
Kohlensaures Strontium 0,003
Kohlensaures Kalzium 3,293
Kohlensaures Magnesium 1,628
Kohlensaures Mangan 0,002
Kohlensaures Eisen 0,012
Aluminiumoxyd 0,003
Kieselsäureanhydrid 0,710
Kohlensäure, halb gebunden, 7,593
Kohlensäure, frei, 6,820
Summe der festen Bestandteile 54,099
Summe der Kationen 84,535 mg in 1000 g Wasser
Summe der Anionen 7167 mg in 1000 g Wasser
Summe aller Ionen 156,206 mg in 1000 g Wasser
Summe der Äquivalenten der Kationen 89,453 mg in 1000 g Wasser
Summe der Äquivalenten der Anionen 89,365 mg in 1000 g Wasser
sp. Gewicht bei 18° C 100,524.
Wasser

Die Bestimmung der elektrischen Leitfähigkeit ergab für die Temperaturen 68,6° C L. — 141,812 : 10, bei 24° C L. — 7,0500 : 10, bei 10° C L. — 6,1380 : 10. MACHE und MEYER haben den Emanationsgehalt des quellfrischen Mühlbrunnens mit 31,5 Mache-Einheiten im Liter bestimmt, das sind 114,7 Eman[1]). Die

[1]) 1 Eman = 3,69 Mache-Einheiten.

Reaktion des gegen Kohlensäureverlust geschützten Wassers, wie es unmittelbar zutage tritt, ist sauer, die p_H beträgt beim Sprudel nach elektrometrischen Messungen von L. MICHAELIS (1915) p_H 6,78. Jüngst ausgeführte Messungen von STRANSKY mittels des Jonometers ergaben ebenfalls den Wert von p_H 6,78. Der gleiche Wert wurde im Versandwasser unmittelbar nach Öffnen der Flasche ohne Erwärmen festgestellt. Bei der üblichen Darreichung des Sprudels im Becher geht ein beträchtlicher Teil der CO_2 verloren, die p_H beträgt dann 7,83. Die übrigen Quellen haben quellfrisch gemessen ohne CO_2-Verluste eine p_H von 6,45 bis 6,76, wobei die kälteren Quellen sauerer sind. Das entgaste Mineralwasser hat eine p_H von 7,4. Beim Erwärmen des Versandwassers in der üblichen Weise bis zu 50° C ist der Abfall an p_H ein geringer beim Mühlbrunnen, beim Sprudel schlägt die Reaktion ins Alkalische um, die p_H wird 7,13. Beim Stehen in angebrochenen nicht sorgfältig wieder verschlossenen Flaschen nimmt p_H schnell zu, die Reaktion wird bald alkalisch (bisher nicht publiziert).

R. KELLER hat den Beweis erbracht, daß die Ionenlehre für die im Körper kreisenden Mineralstoffe nicht uneingeschränkte Anwendung finden kann; schon HOFMEISTER hat gezeigt, daß die Salze nicht nur nach Anionen und Kationen und der Wertigkeit zu gruppieren sind, da ja schon innerhalb einer Elementenklasse, z. B. den Halogenen, sich charakteristische Differenzen regelmäßig wiederholen und nach elektro-kinetischen Potentialen geordnete Reihen sich aufstellen lassen. Ein Mineralwasser ist nach STARKENSTEIN eine Organisation koexistenter Phasen, die nicht einzeln, sondern als Komplex zur Resorption kommen und gerade dieser Komplexcharakter bestimmt seine spezifischen Wirkungen. Nicht zu vergessen ist, daß jenseits der Darmwand elektrische Umladungen der Ionen vorkommen, so daß z. B. das elektrisch positive Kalium im elektro-negativen Verband kreist, als solcher in die Zelle eindringt und das positiv geladene Natrium im Plasma bleibt.

Da der durchschnittliche osmotische Druck eines normalen Menschenblutes ungefähr 7 Atmosphären beträgt, ist das Karlsbader Mineralwasser als ausgesprochen bluthypotone Lösung zu bezeichnen.

Ich habe die physikalisch-chemischen Analysenwerte wiedergegeben, obwohl heute von den Karlsbader Thermen, vielleicht mehr noch als von den anderen Mineralwässern, die Gedanken Geltung haben, welche F. KRAUS im deutschen Bäderbuche niedergelegt hat. Dieser Kliniker sagt: „Wie wünschenswert es auch war, eine Einteilung der Mineralquellen nicht nur nach Art der Bestandteile, sondern nach der Zahl der Ionen und Molen, mit Gefrierpunktbestimmungen und Bestimmungen der elektrischen Leitfähigkeit, vornehmen zu können, so reicht doch das vorliegende experimentelle Material bei weitem noch nicht aus, insbesondere deshalb, weil die Bestimmung des Gefrierpunktes in den freie CO_2 enthaltenden Mineralwässern durch das während der Arbeit fortwährend entweichende Gas methodisch mit der größten Schwierigkeit verbunden ist." Auch Jakobi gibt der Meinung Ausdruck, daß für die Beurteilung von Wirkungen der einzelnen Bestandteile eines Mineralwassers an sich die neuen physikalisch-chemischen Anschauungen eine wesentliche Veränderung nicht bedingt haben und daß durch die moderne Theorie der Lösungen nicht die bisher beobachteten Tatsachen, sondern nur ihre Deutung sich modifiziert hat.

Überblicken wir die Ergebnisse der Analysen der Karlsbader Mineralwässer, so ergibt sich ein dem menschlichen Blutserum gegenüber hypotonisches, mit Kohlensäure gesättigtes Thermalwasser, dessen Trockensubstanz im wesentlichen aus Natriumsulfat, Natriumhydrokarbonat und Kochsalz besteht, neben geringen Mengen von Erdalkalien und Eisen in Spuren.

Wir wollen nunmehr versuchen, die chemische Zeichensprache des Analytikers in die Folgerungen des Pharmakologen und praktischen Arztes zu übersetzen, d. h. zu sagen, welche Veränderungen ein derartig zusammengesetztes Wasser im Organismus hervorzurufen imstande ist, um auf diese Weise Anhaltspunkte für die Beurteilung der therapeutischen Dignität einer Karlsbader Kur im allgemeinen zu gewinnen. Ich folge damit zum Teile Überlegungen und Gedankengängen Jakobis. Die komplizierte Wirkung der Karlsbader Thermen auf den Organismus setzt sich aus der Wasserwirkung sensu strictiori, der physikalisch-chemischen Salzwirkung und der pharmakologischen Wirkung der Inhaltsstoffe nach ihrer Resorption zusammen. Allen Lebensvorgängen geht eine Veränderung der Zellflüssigkeit parallel, welche als Quellung oder Schrumpfung in Erscheinung tritt. Das Wasser ist das geeignetste Vehikel für Wärme, es vermittelt den Verkehr, die Korrespondenz der einzelnen Gewebe untereinander, führt Nahrung zu und Nahrungsschlacken ab. Durch das Wasser können hochmolekulare Verbände in einfach zusammengesetzte Körper zerlegt und damit in ihrer Reaktionsfähigkeit gesteigert werden. Darum muß jede Veränderung des Wassergehaltes, der bei den einzelnen menschlichen Organen bis 80% beträgt und 65% der gesamten Masse ausmacht, einschneidende Wirkungen auf den Gesamtstoffwechsel nach sich ziehen. Die osmotischen Kräfte allein, durch welche allenthalben in den Kanalsystemen des Organismus, des Blutes und der Lymphe die gleiche Konzentration erhalten wird, sind mächtige Triebfedern des rastlosen Austauschverkehres zwischen den einzelnen Organen. Jede Vermehrung der Flüssigkeitszufuhr wird vom gesunden Organismus mit erhöhter Ausfuhr von Wasser beantwortet, um die Stabilität des osmotischen Druckes in den Gewebsflüssigkeiten zu erhalten. Diese Ausfuhrarbeit leisten vorzugsweise Niere, Lungen und Haut; aber auch die Drüsen im Verlaufe des Magen-Darmkanals, nicht zuletzt die Leber, dienen der systematischen Entwässerung des Organismus durch die Abscheidung ihrer spezifischen Sekrete. Durch periodisches Trinken, wie bei Trinkkuren, hervorgerufene Isotonieschwankungen üben einen Reiz auf die Gewebe dahin aus, durch Zerfall und Steigerung aller dissimilatorischen Vorgänge jene Substanzen zu liefern, durch deren Lösung das hypotonisch zugeführte Wasser isotonisiert wird. So wird durch die Vermehrung aller sekretorischen Vorgänge auch eine intensive Durchspülung des Gesamtorganismus und Reinigung von allen Schlacken des Stoffwechsels bedingt werden. Diese allgemeine Wasserwirkung wird, je nach der Temperatur, in welcher sie erfolgt, in verschiedenem Ausmaße zur Geltung kommen. Mit eiserner Zähigkeit versteht es der Organismus, die für den Ablauf aller Lebensvorgänge optimale Temperatur festzuhalten und jeder Störung des Temperaturgleichgewichtes ein System von regulatorischen Maßnahmen entgegenzusetzen, als deren wichtigster Faktor die Veränderung der Blutverteilung anzusehen ist. Schon durch seinen Aggregatzustand allein vermag das Wasser vorzüglich als Temperaturüberträger zu fungieren, Temperaturdifferenzen an einzelnen Gewebsstellen zum raschen Ausgleich zu bringen. Je nach der Stelle seiner Applikation wird der durch das temperierte Wasser gesetzte Wärmereiz verschieden beantwortet. Thermalwasser kann bis 70^0 C getrunken werden, ohne unangenehme Sensationen auszulösen, während das gleichheiße Wasser, auf die Haut gebracht, lebhaftes Unbehagen hervorruft. Im Magen liegt eben der sogenannte thermische Indifferenzpunkt bei 38^0 C, auf der Handfläche bereits bei 20^0 C, d. h. Wasser dieser Temperatur bringt von der Haut der Palma manus keinerlei Temperaturempfinden zum Bewußtsein, wohl aber vom Magen aus das Gefühl der Kälte, das erst bei 38^0 verschwindet und bei 39^0

in Wärmeempfindung umschlägt. Auf der Handfläche löst aber Wasser schon bei 20° C die Empfindung von Wärme aus. Die Wirkung des heißen Wassers auf die Blutgefäße ist durch die gleichzeitige Erregung der Psyche allerdings nicht als unmittelbar zu erkennen. Wir können durch Trinken warmen Wassers z. B. die Blutgefäße im Magen zur Erweiterung bringen, durch die reichlichere Blutversorgung die Drüsensekretion steigern, durch heißeres Wasser auch noch die Motilität herabsetzen und damit die Magendigestion unter gewissen Umständen (Hypermotilität, Lienterie) verlängern. Die schon reflektorisch beim Schluckakte hervorgerufene Blutfülle des Magens macht sich als angenehmes Wärmegefühl wahrnehmbar. Die Wärmewirkung überträgt sich aber auch auf die dem Magen benachbarten Organe, den Dünn- und Querdarm, die Leber, das Gallensystem und die Bauchspeicheldrüse, sie kann allenthalben die Drüsensekretion anregen und durch den spezifischen Einfluß der Wärme auf die glatte Muskulatur Krampfzustände beheben; damit können auch spastische Verkehrsstörungen in den mit glatten Muskelfasern ausgestatteten Kanalsystemen beseitigt werden und schließlich, durch die Besserung aller Zirkulationsverhältnisse, alte Exsudate zur Resorption kommen. Bei Anwendung kühlerer Temperaturen kann dagegen durch die CO_2 die Peristaltik gesteigert, und durch diese die Aufsaugung der Verdauungsprodukte der Nahrung teilweise erschwert und damit auch günstige Momente für die Durchführung mancher Entfettungskuren gewonnen werden. Kühles Wasser befördert die Diurese, wie schon Glax hervorhob, heiße Flüssigkeiten erleichtern dagegen die Wasserabgabe durch Haut und Lungen. Beide oft bestätigte Beobachtungen geben uns wichtige Fingerzeige für die Behandlung der Nierenaffektionen an die Hand. Die reine Wärmewirkung kommt natürlich nie allein zur Geltung; sie interferiert mit der Dynamik der gelösten Substanzen und der Wasserwirkung sensu strictiori. Die reine Temperaturwirkung wird fernerhin durch die freie Kohlensäure in ihrem Angriffe verstärkt bzw. herabgesetzt. Auch die Kohlensäure führt, gleich der Wärme, an sich zur Erweiterung der Blutgefäße am Orte der Applikation und bedingt damit lokale Blutfülle und konsekutive Steigerung der Sekretion.

Während aber die Wärme auf die mechanische Arbeit der glatten Muskelfasern erschlaffend, peristaltikhemmend einwirkt, besitzen wir in der Kohlensäure ein exquisites Tonikum der Bewegung. Wie Hamburger gezeigt hat, kommt es in allen Geweben bei Steigerung des Partialdruckes der Kohlensäure zu erhöhter Quellung, die eine Veränderung der osmotischen Spannung zwischen Zelle und Umgebungsflüssigkeit dokumentiert. Diese Eigenschaft der Kohlensäure macht sich natürlich besonders bei den Trinkkuren an ihren respektiven Resorptionsstellen, den Schleimhäuten des Magen-Darmkanales, hervorragend geltend. KÖPPE hat es durch theoretische Überlegungen in hohem Maße wahrscheinlich gemacht, daß die Kohlensäure auch ein natürlicher Erreger der Salzsäureproduktion des Magens werden kann, wie klinisch zuvor schon PENTZOLD festgestellt hatte. Die in Freiheit gesetzten Alkaliionen verbinden sich mit der CO_2 zu Hydrokarbonat und werden als Salze resorbiert, regen die Diurese an und alkalisieren den Harn, der gleichzeitig erheblich verdünnt wird. Die sogenannte reine Salzwirkung, die also nur durch die Zahl der gelösten Molen ohne Rücksicht auf ihre chemische Qualität zustande kommt, tritt beim Karlsbader Mineralwasser nur wenig hervor, da die Bluthypotonie für stärkere osmotische Differenzen zu gering ist. Auch ist das die Isotonie der Gewebe beherrschende Kochsalz nur in relativ kleinen Mengen vorhanden, und für die reichlicher angebotenen SO_4-Ionen besitzen die Zellen nur eine geringe Permeabilität. Wie aber aus den Versuchen PFEIFERS hervorgeht, der mit Glaubersalzlösungen verschiedener Konzentration arbeitete, findet auch bei schwach hypotonen $Na_2 SO_4$-Lösungen im Magen ein Austausch gegen das Na Cl des Blutes schon darum statt, weil der Partialdruck des Glaubersalzes im Blute gleich Null ist, seine Molen also in das Blut wandern können, und umgekehrt Kochsalz aus dem Blute in den Magen abgeschieden wird; dieser Vorgang ist natürlich für die Produktion der Salzsäure im Magen von der größten Wichtigkeit. Ist z. B. das eingebrachte glaubersalzführende Wasser über den thermischen Indifferenzpunkt des Magens warm, so wird sein Aufenthalt im Magen von längerer Dauer sein als der einer kühleren Flüssigkeit, und das gesamte $Na_2 SO_4$ hätte genügend Zeit, schon vom Magen her gegen das Blut zu diffundieren. In den Darm ergösse sich dann eine noch mit dem vom Blute in den Magen geströmten Na Cl angereicherte, kochsalzführende Salzlösung. Denn der Partialdruck des Kochsalzes im Blute ist viel höher als im Mineralwasser, so daß im Magen für das im Mineralwasser enthaltene Na Cl gar keine physikalische Resorptionsmöglichkeit besteht und die Flüssigkeit nach einem längeren Aufenthalte im Magen noch reicher an Kochsalz wird als das Mineralwasser selbst. Für das Wasser an sich kommt der Magen als Resorptionsstätte gar nicht in Betracht, wie uns die berühmten Untersuchungen von MERINGS gelehrt haben. Erreicht nun das Karlsbader Mineralwasser als eine durch die geschilderten Umstände konzentrierter gewordene, nahezu isotonische Lösung den Darm, so können bei entsprechender Wärme die Bedingungen für die Salzresorption derart günstig werden, daß mit den aufgenommenen Salzmengen auch noch Wasser aufgesogen wird, wodurch ein eingedickter Darminhalt entstehen und mit diesem Verstopfung einsetzen kann. W. STRAUB und seine Mitarbeiter zeigten, daß aus dem Karlsbader Mineralwasser mehr $Na_2 SO_4$ resorbiert wird als aus gleichkonzentrierter reiner $Na_2 SO_4$-Lösung. Je nach der angewandten Temperatur und natürlich auch nach den individuellen Zuständen des Magens, verläßt das Wasser den Magen nach kürzerer oder längerer Verweildauer. *Nur bei niedriger Temperatur und kurze Zeit dauernder Magenpassage tritt die $Na_2 SO_4$-Wirkung: nämlich Verflüssigung des Darminhaltes und gesteigerte Peristaltik in Erscheinung.* Mit diesen Vorgängen können durch schlechtere Ausnützung der Proteinsubstanzen und durch Bildung unlöslicher Kalkseifen, auch eine geringe Verwertung von Fetten, also wertvolle Anhaltspunkte für Entfettungskuren, gewonnen werden. In die Leber gelangt, können die SO_4-Ionen überdies auch zur Entgiftung gewisser Substanzen herangezogen werden, die bei der Darmfäulnis entstanden, nach der Passage durch die Leber und Niere als gepaarte Schwefelsäuren und Glykuronsäuren unschädlich den Körper verlassen. Ähnlich werden flüchtige Säuren, die durch pathologische Darmgärung oder fehlerhaften Abbau von Fetten entstehen, durch die Alkalien und dem im Karlsbader Mineralwasser angebotenen Kalk neutralisiert. Die Alkalien besitzen ferner die von HAMBURGER gerühmte Eigenschaft, große Proteinmoleküle zur Zerteilung zu bringen, aus dem Gelzustand in den Solzustand überzuführen, auf welchem Vermögen in erster Linie die bekannten schleimlösenden und antikatarrhalischen Eigenschaften der Alkalien zurückzuführen sind. Nicht zu ignorieren sind auch die katalytischen Eigenschaften der Alkalien. Ohne die Schlüsse SCHADES, der durch reine Katalyse aus Zucker Kohlensäure und Wasser entstehen sah, für die Therapie überschätzen zu wollen, bleibt unbestreitbar, daß die Alkalien zum mindesten kräftige Oxydationsförderer sind und damit alle Arten von Lebensvorgängen begünstigen. Diesem vorwiegend zum Abbau von Substanzen beitragenden Vermögen der Alkalien ist die mehr aufbauende, konstruktive Fähigkeit der Kalksalze in den Karlsbader Mineralwässern koordiniert. Die Erdalkalien haben eben, wie die Schwermetalle, die Eigenschaft, eine dichtere Zusammenlagerung der Proteinmoleküle hervorzurufen. Diese geringen Eiweiß koagulierenden Qualitäten können sich in unserem Falle als adstringierende Wirkung am Aufsaugungs- und Ausscheidungsorte geltend machen und für die antiphlogistischen Effekte unserer Wässer auf Dünndarm einerseits, Dickdarm und Niere anderseits, eine zureichende Erklärung geben. Diese klinisch immer wieder zu beobachtende entzündungswidrige Wirkung einer Trinkkur mit dem Karlsbader Mineralwasser, der antiphlogistische Effekt, ist von STRANSKY an der Kupfersulfatpleuritis von Kaninchen experimentell bestätigt worden. Auch ist der Relation zu gedenken, die nach VON NOORDEN zwischen Kalk- und Phosphorausfuhr besteht. Der im Dickdarm ausgeschiedene Kalk entzieht dem Blute und damit mittelbar dem Harne Phosphorsäure und bedingt ein Ansteigen der Alkalien im Harne. Der letztere gewinnt damit bessere Löslichkeitsbedingungen für Harnsäure bzw. Urate. Größerer Alkalireichtum des Harnes ist aber auch bei vielen Affektionen des harnleitenden Apparates ein angestrebtes Ziel der Behandlung. Endlich wollen wir auch der erheblichen nutritiven Reizwirkungen nicht vergessen, welche nach den wunderbaren Untersuchungen J. LÖBS den Kalksalzen auf Nerv und Muskel zukommen, um die Vielseitigkeit und den Reichtum an physiologisch wirksamen Faktoren, die im Karlsbader Thermalwasser vereint sind, vollauf würdigen zu können. Nicht unerheblich dürfte sich biologisch das Karlsbader Mineralwasser auch auf den von LOEB aufgezeigten Ionenantagonismus auswirken. Von FRIEDRICH KRAUS, S. G. ZONDEK wurde die Bedeutung der Relation Ca : K für die Pathologie und mancherlei therapeutische Bestrebungen in den Vordergrund gerückt. KEINING und HOPF bewiesen die Abhängigkeit des Wirkungsmechanismus des Kochsalzes von der Relation der Kationen und STAHL und PRESSER konnten die Bedingtheit des Hydratationsvermögens der Gewebe, also der Ödembildung von der spezifischen Kationenwirkung der Salze aufzeigen. Der Ionenantagonismus wirkt sich nur am biologischen Objekt in Eiweiß bzw. Lipoidlösungen aus, denn physikalisch, an der elektrischen Leitfähigkeit, Gefrierpunkt und Lichtbrechung usw. läßt sich ein Antagonismus der genannten Ionen nicht nachweisen. Das Karlsbader Mineralwasser ist ein *lebendiges* Produkt der Erde, mit zahlreichen mineralischen Kleinstmengen, deren Ionenrelation von der Natur bestimmt ist und sich biologisch ganz anders auswirken muß als ein nur aus den dominierenden Bestandteilen zusammengesetztes *totes*, in Wasser gelöstes Salzgemisch.

Neben den mehr akuten Wirkungen des Mineralwassers innerhalb des Magen-Darmtraktes haben wir weiterhin mit den Wirkungen seiner Inhaltsstoffe nach ihrer Resorption zu rechnen. Daß diese tatsächlich stattfinden, lehren die bedeutsamen experimentellen Untersuchungen des Pharmakologen WIECHOWSKI (Prag) und seiner Schule. In langdauernden Tränkungsversuchen an Kaninchen ergaben die Bilanzen der Mineralstoffe, daß alle physiologisch wichtigen Anionen und Kationen zur Gänze resorbiert und eine Zeitlang sogar retiniert werden. Dies gilt auch bemerkenswerterweise für das schwer resorbierbare und praktisch lipoidunlösliche Sulfation. Diese Versuche haben auch gezeigt, daß es sich nicht bloß um eine einfache Passage der Mineralstoffe handelt, *denn es kommt im Verlaufe der chronischen Darreichung des Mineralwassers zu einer ganz erheblichen Einflußnahme auf den gesamten Mineralbestand des Organismus im Sinne einer Anreicherung, einer Mineralisation, und daneben auch solcher Ionen, die gar nicht in größerer Menge gereicht wurden, also zu einer Transmineralisation* (SPIRO). Die beobachteten Veränderungen im Mineralbestande zeigen sich besonders als Vermehrung des Kalziums und des Phosphations bei gleichzeitiger Verminderung des Magnesiums (SGALITZER). Weitere analytische Untersuchungen der Prager Pharmakologenschule ergaben, daß sich diese Wirkungen am Mineralbestand der Gewebe abspielen, während die Änderungen der Blutzusammensetzung fast nur den Serumkalk betreffen, der im Laufe einer Tränkung ansteigt (STRANSKY). Bei der engen biologischen Verknüpfung des Mineralstoffwechsels mit den übrigen Teilen des gesamten Stoffwechsels, bei der großen Bedeutung des mineralischen Milieus für alle Funktionen der Zellen und Organe, besonders jener, die unter nervösem Einflusse stehen, ist durch die Feststellung einer Einwirkung des Karlsbader Mineralwassers auf den Mineralbestand überhaupt das Wesen seiner Heilwirkungen unserem Verständnisse zugänglicher gemacht worden. Gewiß ist noch sehr vieles durchaus problematisch und auf dem Gebiete der pharmakologischen Erforschung unserer Heilquellen noch sehr viel zu leisten.

Von besonderer Bedeutung erscheinen die Feststellungen hinsichtlich des Kalkhaushaltes. Das Kalzium hat nach den berühmten Untersuchungen der Schule H. H. MEYERs große pharmakodynamische Wirksamkeit; Menge und Zustandsform des Kalks in den Körpersäften und Geweben sind von größter Bedeutung für funktionelle Leistungen und das Verhalten gegenüber Noxen aller Art. Aus den oben erwähnten Feststellungen ergibt sich, daß zumindest ein Teil der beobachteten klinischen Wirkungen, besonders die antiphlogistischen und antispasmodischen mit der Kalkwirkung des Mineralwassers zusammenhängen können.

Den einzelnen Bestandteilen des Mineralwassers kommt als solchen in den im Mineralwasser vorhandenen Mengen keine oder keine wesentliche dynamische pharmakologische Wirkung im Experimente zu. *Nur die Gesamtheit des vorhandenen Mineralgemenges ist die Trägerin der biologischen Wirkungen, die in ihrer Ganzheit eine Einflußnahme auf den Mineralbestand des Organismus im Sinne einer Umstimmung, ein verändertes Verhalten gegen äußere und innere Reize bedingt.*

Gerade jene analytisch kaum erfaßbaren Änderungen im Mineralbestande der Organe und Gewebe sowie der sie umspülenden Flüssigkeiten, Gleichgewichtsänderungen im gegenseitigen Verhältnisse der Ionen, Beeinflussungen des elektrostatischen Ladungssinnes sind die letzten Ursachen für das geänderte biologische Verhalten bei einer Trinkkur. Die Mineralwässer wirken eben, wie STARKENSTEIN sagt, in ihrer Ganzheit, nicht durch die Summe der einzelnen Qualitäten ihrer Bestandteile.

Sehr verständlich wird uns z. B. durch besonders schöne Versuche von STRANSKY, von STEINMETZER usw. die Einwirkung des Karlsbader Wassers auf den Gesamtstoffwechsel, im Spezialfalle seiner Leberwirkung. Die Leber ist ja das Zentrallaboratorium der intermediären Stoffwechselprodukte, die dort teils durch Synthese, teils durch Abbau in ihre Elementaraggregate geformt werden. STRANSKY bewies die exquisit choleretische Wirkung des Karlsbader Mineralwassers, d. h. den galleproduzierenden Effekt in der Richtung, daß nicht nur der Gallenstrom gesteigert wird, *sondern auch ihre festen Substanzen eine wesentliche Zunahme erfahren.* Die Cholerese des Karlsbader Mineralwassers wirkt nicht wie andere Choleretika durch plötzliche Steigerung des Gallenflusses, sondern erst allmählich durch langsame Steigerung der sezernierten Mengen, die sich dann längere Zeit auf demselben Niveau erhalten, um langsam wieder abzuklingen. Die Motilität der extra-hepatischen Gallenwege (Cholagogie wird nach röntgenologischer Feststellung durch HIRSCHBERG (Berlin) relativ zur Cholerese nur wenig gesteigert. NONNENBRUCH und MAHLER konnten bei

Fällen von Choledochusfisteln nach Gallensteinoperationen ebenfalls eine Steigerung des Gallenflusses nach Mühlbrunngaben (Versandwasser) beobachten und sich von seinem antiphlogistischen Einfluß überzeugen.

STRANSKY beobachtete auch eine längere Verweildauer eingeführter Farbstoffe im Blute, d. h. gesteigerte Bindungsfähigkeit der Serumkolloide bei gleichzeitiger Steigerung der Senkungsgeschwindigkeit der Erythrozyten.

Indikationen und Technik der speziellen Karlsbader Balneotherapie.

Die Karlsbader Mineralwasserkur hat von Alters her den Ruf einer eingreifenden therapeutischen Maßnahme und galt zu Zeiten sogar als ein direkt gefahrvolles Unternehmen. Gewiß gibt es einzelne Affektionen, bei denen die Karlsbader Kur einen ungünstigen Einfluß zu haben scheint, wie eben kein echtes pharmakodynamisches Agens absolut indifferent sein kann. Es ist einleuchtend, daß ein Medikament, das an so verschiedene Organsysteme appelliert, wie das Karlsbader Mineralwasser, auch Reaktionen auslösen kann, die man bei der Verordnung nicht ins Kalkül gezogen hat. Ist ja schon die Toleranz gegen unsere gewöhnlichen Nahrungsmittel individuell ungemein verschieden. Hyperämie kann z. B. angenehm und auch peinlich empfunden werden, beruhigend und auch erregend wirken, Verstopfung und auch Diarrhöen verursachen. Polyurie ist in manchen Fällen erwünscht, in anderen ein sehr unwillkommenes Ereignis usw. Die Karlsbader Mineralwässer lassen sich eben wie jedes andere Medikament auch nur auf Grund von kritischer Erfahrung und balneotherapeutischer Kenntnisse mit Erfolg zur Anwendung bringen. Am Gesunden läßt sich allerdings ein greifbarer Einfluß des getrunkenen Mineralwassers an den einzelnen Systemen des Organismus kaum beobachten. So konnte BICKEL in seinen Untersuchungen über den Einfluß des Karlsbader Wassers auf die Magenfunktionen im Einklang mit den Erfahrungen aller Karlsbader Ärzte niemals ausgesprochene Wirkungen feststellen. Anders liegen aber die Verhältnisse bei organischen und funktionellen Veränderungen. BICKEL konnte z. B. zeigen, daß Alkalimengen, welche bei Gesunden die HCl-Mengen im Magen verringern, bei Magensaftfluß eher noch sekretionserregend wirken und erst in viel größeren Dosen als bei Gesunden die Absonderung hemmen.

Auch die Digitalisdroge kann man schließlich nur in ihrer Wirkung am funktionsgestörten und nicht am funktionstüchtigen Herzen beurteilen; *so kann man auch die Pharmakodynamik der Karlsbader Wässer nur an insuffizienten, funktionsgestörten* Organen erkennen. Wie schlimm wäre es auch, wenn bei jeder Trinkkur z. B. die Salzsäureproduktion im Magen herabgesetzt würde! Der Gichtiker, der Diabetiker usw. wäre sehr übel daran, wenn er die Förderung seines Stoffwechsels etwa mit Störungen am Magen-Darmkanal bezahlen müßte. BICKEL hat auch gezeigt, wie schwierig die Deutung balneologischer Versuchsanordnung dadurch werden kann, daß ein Organ durch Salze ganz anders beeinflußt wird, wenn ihm dieselben direkt oder erst mittelbar durch die Blutbahn zugeführt werden oder gar durch Reizung eines fernabliegenden Organes reflektorisch wirken. So wirkt z. B. eine Menge Kochsalz, die, in den Magen gebracht, reichliche Saftbildung zur Folge hat, geradezu sekretionslähmend auf die Magendrüsen, wenn sie gleich in das Duodenum eingeführt wird. Die Angriffspunkte der Mineralwässer sind sehr vielseitig und für den einzelnen Fall nicht ohne weiteres erkennbar. Wir werden es demnach nicht mehr als ungereimt empfinden, wenn man behauptet, daß bei scheinbar ganz disparaten Affektionen, wie Achylia gastrica und Gastrosukkorrhöe, Obstipation und Diarrhöen dasselbe Mineralwasser, allerdings nach Menge, Temperatur usw. anders dosiert, mit Erfolg zur Anwendung gebracht werden kann.

Wie bereits früher angedeutet, darf man sich bei einer Karlsbader Hauskur keineswegs auf die Verschreibung des Mineralwassers beschränken; man muß auch bedacht sein, die anderen bewährten Hilfsmittel der Balneotherapie, die physikalisch-diätetischen Methoden im weitesten Maße sich dienstbar zu machen. Man sprach lange von einer spezifischen sogenannten Karlsbader Diät. Tatsächlich waren es zuerst Karlsbader Kurärzte, die den Nutzen und die Bedeutung gewisser Diätschemen bei der Behandlung innerer Krankheiten erkannten und die Basis unserer heutigen diätetischen Therapie schufen. *Die Vorstellung einer just für das Karlsbader Mineralwasser adäquaten Diät- und Kostordnung, gleichviel für welches Leiden immer es getrunken werde, ist nach unseren heutigen Kenntnissen der Pathophysiologie der Verdauung und des Stoffwechsels absolut nicht mehr haltbar.* Jede krankhafte Veränderung fordert ihre spezifische Diätotherapie, und darum lassen sich keinerlei allgemein bei jeder Karlsbader Kur gültigen Diätregeln mit zureichenden Gründen verteidigen.

Vielleicht wird es späterhin einmal, wenn unsere Kenntnisse in dieser Hinsicht größer sein werden, möglich sein, bestimmte diätetische Kostformen ausfindig zu machen, die die Wirkung des Mineralwassers auf den Mineralstoffhaushalt unterstützen. Derzeit sind wir von der Aufstellung solcher Diätschemen noch weit entfernt und müssen, eine dem speziellen Krankheitsfalle entsprechende Diät verschreiben, die sich nicht wesentlich von der für diesen Fall auch außerhalb der Kurzeit gültigen unterscheidet. *Nicht die Krankheit, sondern der Kranke bedarf einer nur gerade für ihn spezifischen Diät.* Wenn es früher nicht nur in Karlsbad, sondern überall, wo das Karlsbader Mineralwasser angewendet wurde, z. B. Regel war, ohne Ausnahme die Fette im Diätzettel zu streichen, wissen wir heute, nicht zuletzt aus den Untersuchungen von F. KRAUS, daß die Ausnützung der Fette bei der Trinkkur nicht gestört sein muß. Wirken Fette schädlich auf den Verdauungsvorgang bei der Kur, so ist diese Schädigung nur auf die Grundkrankheit an sich, nicht aber auf das Mineralwasser zurückzuführen. Mehr Berechtigung als dem generellen Fettverbote liegt der Einschränkung des *rohen Obstgenusses während der Trinkkur zugrunde.* Die Erfahrung lehrt, daß besonders nach einem längeren Kurgebrauch der Verdauungsschlauch überaus empfindlich gegen gesteigerte Ansprüche an seine Leistungsfähigkeit wird. Nicht selten treten erst in der Folge einer Karlsbader Mineralwasserkur bei bis dahin magendarmgesunden Menschen ernstliche Störungen in der Verdauungssphäre ein. Diese fatalen Zufälle sind wahrscheinlich auf die schon von JAWORSKI, neuerdings auch von BICKEL wieder beschriebene Eigenschaft der Karlsbader Mineralwässer zurückzuführen, nach längerem Gebrauche die Salzsäureproduktion des Magens herabzusetzen und damit den Magen-Darmkanal für alle Arten von Infektionen empfänglicher zu machen. Die althergebrachte Vorsicht gegenüber dem rohen Obstgenuß während der Kur entbehrt also keineswegs der Begründung, da die ungekochten Nahrungsmittel nicht nur an die mechanische Arbeitskraft des Digestionstraktes erhöhte Ansprüche stellen, sondern, wie uns schon die Epidemologie des Typhus und der Cholera lehrt, auch Keimträger sein können.

Die Therapie der chronischen Gastritis.

Eine der ältesten Domänen der Karlsbader Kur ist die chronische Gastritis; gleichviel ob dieselbe mit normaler HCl-Produktion einhergeht oder von Sub- bzw. Hyperazidität begleitet ist. Vor der Behandlung mit Karlsbader Mineralwasser ist eine gründliche Fundierung der Diagnose Gastritis um so eher zu fordern, als gegenwärtig im starken Gegensatz zu den Auffassungen vor 20 Jahren die Diagnose Gastritis eher zu häufig als zu selten gestellt wird. Die technischen Fortschritte der Magenuntersuchung durch den Ausbau der Röntgendiagnostik und in der letzten Zeit die Verbesserung der gastroskopischen Methoden (SCHINDLER-HENNIG), die genaue Exploration der Mukosa bei Ulkusoperationen (KONJETZNY) haben uns nicht nur über die Häufigkeit der chronisch entzündlichen Vorgänge in der Magenschleimhaut aufgeklärt, sondern auch genetische Zusammenhänge zwischen diesen und dem chronischen Magen- und Duodenalgeschwür sowie bisher als rein funktionell aufgefaßten klinischen Erscheinungen erkennen lassen. Neben der hervorragenden schleimlösenden Eigenschaft des Thermalwassers ist es besonders seine Fähigkeit, durch Wärme und Kohlensäure eine aktive Hyperämie des erkrankten Organes herbeizuführen, welche die günstigen Heilungsbedingungen schafft.

Durch BIER haben wir ganz besonders die segensreiche Heilwirkung der Blutfülle kennengelernt, die sich nicht nur bei den mykotisch bedingten inflammatorischen Reizzuständen, sondern bei jeder Art von Ernährungsstörungen der Gewebe in wunderbarer Weise betätigt. Ein absolut günstiger Erfolg kann mit der Karlsbader Trinkkur nur bei der primären Gastritis und der WESTPHALschen Reizgastritis erwartet werden. Die sogenannte Begleitgastritis z. B. infolge gleichzeitig anwesender Neubildungen, Stauungskatarrhe im Gefolge inkompensierter Herzfehler sowie Magenveränderungen bei der chronischen Urämie, der chronischen Harnsepsis, mit welchen nur zu oft Kranke unter der falschen Diagnose eines unschuldigen chronischen Magenkatarrhs den Badeort aufsuchen, gleichwie echte Dilatationen des Magens auf Grund organischer Stenosen am Pylorus, Sanduhrmägen usw., werden durch die Trinkkur in ihren klinischen Erscheinungen nur noch verschlimmert; sie stellen also ausgesprochene Kontraindikationen der Kur dar. Natürlich ist auch die akute Gastritis kein Objekt für eine Karlsbader Mineralwasserbehandlung. Die entzündlichen Erscheinungen bei den akuten Formen beschränken sich nicht auf den Magen, sondern treten als Gastroenterokolitis in Erscheinung. Sie werden am besten mit Tierkohle und Abführmitteln (Rhizinusöl) sowie Salzsäure behandelt. Sehr gut hat sich mir die Kombination des Aristokarbons (magistraliter:

Carbo animalis in pulvere 8, Magnesium sulfuricum 2, auf einmal in $^1/_3$ Glas Wasser nach drei Minuten erforderlicher Imbibition zu nehmen) bewährt.

Den Ausgangspunkt in der Behandlung der chronischen Gastritis bildet die Orientierung über die Motilität, die sekretorischen Verhältnisse, Intensität der Schleimproduktion und der Leukozytenmenge im Magensekret, welche wir aus dem Ergebnisse der Magensaftprüfung gewinnen. Am besten empfiehlt sich das sogenannte Alkoholfrühstück (300 cm³ 5%igen reinen Alkohol früh nüchtern getrunken), welches gerade zur Stellung der Diagnose Gastritis dem früher gebräuchlichen Boas-Ewaldschen Probefrühstück vorzuziehen ist. Nicht unerwähnt möchte ich lassen, daß eine auffallende Druckschmerzhaftigkeit im linken Epigastrium 3 cm von der Mittellinie entfernt bei nur leichtem Druck eher für Gastritis als für Ulcus ventriculi und Ulcus duodeni spricht, bei welchen die Empfindlichkeit näher oder in der Mittellinie und im rechten Epigastrium charakteristisch sind. Eine deutliche Vermehrung des Urobilinogens im Harn spricht für Ulcus duodeni. Oft besteht Atonie oder Dilatation 1. Grades, mehr minder reichliche Schleimbildung und herabgesetzte Salzsäureproduktion. Durch diese Umstände werden wir angewiesen, fürs erste nur mäßige Quantitäten mitteltemperierten Mineralwassers trinken zu lassen. Flüssigkeiten verlassen allerdings ziemlich rasch den gesunden Magen. Einen Magen aber, dessen Wände durch Entzündungsprodukte infiltriert und schlaff geworden, dehnen größere Mengen Wassers noch weiter aus und steigern mit der Atonie und konsekutiven Dilatation die durch dieselben begünstigten Gärungsvorgänge, welche wiederum durch die Bildung von Gärungssäuren zur Entwicklung katarrhalischer Veränderungen beitragen.

Durch längeres Verweilen des Wassers im Magen wird überdies das Magensekret verdünnt, chemisch also noch unwirksamer, als es ohnehin schon ist. Wir gehen deshalb ungefähr folgendermaßen vor:

Der Patient trinkt frühmorgens auf nüchternen Magen 200 g Mühlbrunnen, nachdem derselbe langsam im Wasserbade auf 50° C erwärmt wurde. *Man darf das Mineralwasser nie etwa aufkochen und dann langsam abkühlen lassen, da durch das Aufkochen Kohlensäure verjagt wird Bikarbonate in Karbonate verwandelt werden und Kalk- wie Eisensalze zur Ausflockung kommen.* Das erste Glas kann mit Vorteil noch im Bette getrunken werden; man heißt dann den Patienten nach Verlauf von 20 Minuten aufstehen und abermals dasselbe Quantum gleich heißen Wassers (Mühlbrunnen) trinken. Bei auftretendem Gefühl von Völle und Schwere im Magen muß man längere Trinkpausen machen lassen, eventuell die Menge des zu trinkenden Wassers auf 100—75 cm^3 beschränken. Man trinke schluckweise langsam, etwa 7-Sekunden-Pause nach einem Schluck, ungefähr in 3 Minuten, 200 g. Dem 2. Glase läßt man durch etwa 30 Minuten, wenn Appetitlosigkeit, Völle besteht, noch längere Zeit mäßige Bewegung folgen, z. B. in Form eines kleinen Spazierganges, oder Übungen am Exerciser oder anderen Zimmergymnastikapparaten; erst nach diesen körperlichen Beschäftigungen wird das Frühstück genossen. Sind die Sekretionsverhältnisse des Magens normal oder nur wenig in Umfang und Intensität herabgesetzt, z. B. Gesamtazidität 35—30, halte man sich bei der Wahl der Temperatur etwas unter dem thermischen Indifferenzpunkte des Magens, ungefähr bei 40° C. Umgekehrt muß man bei Azidismus (KATSCH) höhere Temperaturen zur Anwendung bringen. Man benützt bei dieser letzteren gerne den auf zirka 50—55° C erwärmten, durch Umrühren von CO_2 befreiten Mühlbrunn, einmal um die CO_2-Wirkung, welche Steigerung der Saftproduktion im Gefolge hat, abzuschwächen, dann auch, um durch die höhere Temperatur das getrunkene Mineralwasser länger im Magen zur Lösung des Schleimes und Verdünnung des übersauren Sekretes zurückzuhalten. Vor dem Mittagessen und vor dem Schlafengehen läßt man noch zirka 200 g mitteltemperierten 45° C) bei Obstipation bis selbst auf 20° C abgekühlten Mühlbrunnen trinken. Ausgesprochene Darmträgheit wird uns auch veranlassen, den Salzgehalt des zu trinkenden Mineralwassers zu erhöhen. Wir tun dies am besten mit der Auflösung des natürlichen Karlsbader Sprudelsalzes in den einzelnen Wasserrationen. Das Karlsbader Sprudelsalz kommt in 2 Formen als kristallisiertes und pulverförmiges in den Handel. Wir benützen gewöhnlich das letztere. Die Darstellung des Salzes aus den Sprudelquellen geschieht nach einem von ERNST LUDWIG empfohlenen Verfahren. Das Mineralwasser wird aufgekocht und damit von den Karbonaten der Erdalkalien und der Schwermetalle befreit, vom eingetretenen Niederschlage abfiltriert und zur Trockene verdampft. Durch den Konzentrations- und Eindampfungsprozeß werden die Bikarbonate des Natriums zersetzt. Um die ausgetriebene Kohlensäure zu ersetzen, wird nunmehr das Salz der Einwirkung der dem Sprudel entströmenden Kohlensäure ausgesetzt, durch welche alles Karbonat wieder in Bikarbonat zurückverwandelt wird. Das resultierende Produkt wird getrocknet und mittels Porzellanwalzen zu feinem Pulver zerrieben. Das so erhaltene Salz enthält mit Ausnahme der Kieselsäure, der Karbonate des Mangans, Eisens, Kalziums und Magnesiums alle im Wasser löslichen Bestandteile des Sprudelwassers, und zwar in denselben quantitativen Verhältnissen, in denen sie im Sprudelwasser gelöst vorkommen. In letzter Zeit ausgeführte funkenspektrographische Untersuchungen von SCHEFFER und MÜLLER haben ergeben, daß fast alle jene seltenen Erden und Schwermetalle, die im nativen Wasser nur in Spuren enthalten sind, auch im pulverförmigen natürlichen Sprudelsalze auffindbar sind. 100 Teile des pulverförmigen Salzes enthalten nach LUDWIG:

Kaliumsulfat	3,31%
Natriumchlorid	18,19%
Natriumsulfat	41,62%
Natriumhydrokarbonat	36,11%
Lithiumkarbonat	0,20%
Natriumtetraborat	0,03%
Wasser	0,44%

Daneben Spuren von Natriumfluorid, Kalziumoxyd, Magnesiumoxyd, Kieselsäure.

Das Salz kommt in Gläsern, aber auch in der sehr handlichen Form von 5 g enthaltenden Papiersäckchen in den Handel.

Seit einiger Zeit bemüht sich die chemische Großindustrie, künstliches Sprudelsalz zu vertreiben. Wenn es auch dem findigen Techniker gelingen mag, durch naszierende Kohlensäure ein dem Geschmack vielleicht besser zusagendes Präparat zu erzeugen, kann von einem vollwertigen Ersatze des aus natürlichem Wasser gewonnenen Salzes nach dem Gutachten aller Sachverständigen keine Rede sein.

Das Salz soll bei der chronischen Gastritis, besonders wenn die Säureproduktion, wie es meistens der Fall ist, darniederliegt, nur in kleinen Dosen, kaum mehr als $2^1/_2$ g auf 100 g Wasser, gegeben werden. Bei normalen Salzsäurewerten oder gar übersaurem Magensaft kann man mehr, selbst die doppelte Ration reichen, ohne den Magenmechanismus zu beeinträchtigen. Sehr Gutes sah ich von leichter Magenmassage, eventuell mit Vibration und Faradisation kombiniert, wenn dieselbe kurze Zeit vor dem Frühstück oder vor dem Mittagessen geübt wird. Recht zu empfehlen sind ferner kühle Waschungen der Brust und des Abdomens. Bei Völle und Aufgeblasensein des Magens erweisen sich PRIESSNITZsche Umschläge während der Nacht und nach dem Mittagessen als sehr nützlich. Haben die Gärungs-

und Zersetzungsvorgänge im Magen größeren Umfang angenommen, ist die Schleimproduktion intensiv und abundant geworden, kann man des radikalsten und absolut souveränen Mittels, der methodisch geübten Magenspülung, kaum entraten. Dieselbe erfolge am besten frühmorgens unter gelindem Druck (beginnend mit 1 l auf 1 m Höhe) solange, als das Spülwasser getrübt abläuft, mit etwa 45° C warmem Mineralwasser. Zeigt das Spülwasser sehr viele Speisereste und außerdem üblen Geruch, bietet es damit die Zeichen hervorragender Störungen der Motilität und vorgeschrittener Zersetzungsvorgänge, wie solche auch bei rein funktionellen Dilatationen sich einstellen können, so wird man gezwungen sein, auch abends zu spülen und kann sich dann am Morgen mit einer kurzdauernden Spülung begnügen. Nach der morgendlichen Magenspülung muß der Patient mindestens 20 Minuten warten, bevor er die Trinkkur in der oben angedeuteten Weise macht. Nach den Hauptmahlzeiten sind oft kleine Salzsäuregaben nützlich, bei stärkeren Fermentationen meist gar nicht zu umgehen. Sehr handlich ist da die Anwendung der HCl in Form der Azidolpepsintabletten oder Muripsin, bei welchem von Zeynek das Betainchlorid mit Glutaminsäure kombiniert wurde. Diese Säuremedikation steht keineswegs in einem logischen Widerspruch mit der Trinkkur eines alkalischen Wassers. Denn, wie im allgemeinen Teile bereits ausgeführt ist, handelt es sich bei der Karlsbader Trinkkur keineswegs jemals um eine reine Alkaliwirkung. Käme es nur auf diese an, würde man Alkalien in Substanz und nicht das teure Mineralwasser benützen oder gar eine kostspielige Badekur verordnen. Die HCl wird ja auch hier zu ganz anderer Zeit als das Mineralwasser gereicht und wirkt schon von der Mundschleimhaut aus reflektorisch anregend auf die HCl-Produktion im Magen (Eigenbeobachtungen). Wir lassen das Karlsbader Mineralwasser außer des Morgens bei der chronischen Gastritis oft auch zirka 20 Minuten (100 cm³) vor der Mahlzeit reichen. Denn, wie auch Du Mesnil beobachtete, regt nicht nur reines Alkali, sondern auch Karlsbader Mühlbrunnen die Magensekretion rasch an, ebenso wie dies auch Linnossier und Lemoine für die Kohlensäure gefunden hatten. Der vielfach behauptete hemmende Einfluß des $Na_2 SO_4$ auf die Saftsekretion ist unbewiesen. Gintl sah selbst bei $1^0/_0$igen Lösungen überhaupt keine Veränderung am menschlichen Magensafte auftreten. Nur größere Mengen Mineralwassers, bis etwa 500 g, und in höherer als der angegebenen Temperatur, verweilen längere Zeit im Magen und setzen die HCl-Produktion herab, wie auch die Untersuchungen JAWORSKIS gelehrt haben. Man muß scharf unterscheiden, wie gleichfalls schon JAWORSKI hervorhob und neuerdings aus BICKELS und FISCHMANNS Beobachtungen zur Evidenz hervorgeht, zwischen dem physiologischen Effekt einer einmaligen Gabe und dem Endeffekt einer mehrwöchigen Kur. Je nach den pathologischen Veränderungen am Magen wird eine durch längere Zeit fortgesetzte Trinkkur verschiedenartige Sekretionsverhältnisse bedingen, als ein einmaliger Versuch an einem funktionstüchtigen Magen ergeben kann. Durchschnittlich wirken kleinere Gaben (400—600 Gesamtmenge im Tage) mittlerer Temperatur (bis 50° C) auch nach 2—3 Wochen noch sekretionsanregend, wie ich mich oft überzeugen konnte. Bei sehr erheblicher Darmträgheit kann man noch ein 4. Mal Mühlbrunnen, 150—200 g auf 50° C erwärmt, verordnen, am besten etwa 4 Stunden nach der Hauptmahlzeit; bei guter oder bereits gebesserter motorischer Magenfunktion erhöht man die ersten Gaben auf 3mal 200 cm^3. Ich lasse bei der Gastritis chronica die Kur nicht länger als 21—24 Tage gebrauchen, um nicht in die Gefahr der endlichen Herabsetzung der Sekretion und der Motilität zu kommen, und empfehle lieber, der ersten Trinkperiode nach einer Pause von mehreren Wochen noch eine zweite Trinkperiode zu Hause folgen zu lassen. Auch bei Hauskuren empfiehlt sich dieser Vorgang um so mehr, weil das aufgewärmte CO_2-ärmere Wasser noch mehr dazu geeignet ist, die Saftbildung zu beschränken.

Anders beim Azidismus. Bei diesem macht man die Erfahrung, daß die eigentliche gute Wirkung erst nach methodischer 5—6 wöchiger Kur eintritt. Ende der zweiten Woche tritt häufig sogar eine Erhöhung der Säurewerte auf, die nur langsam abklingt. Bei der sauren Gastritis empfiehlt sich oft die Dauerbehandlung durch das ganze Jahr, täglich früh nüchtern 150 g auf 50° C erwärmten Mühlbrunn. Nachdem möglicherweise, wie BÁLINT vermutete, der Magen, ähnlich wie die Lunge, auch zur Regulation des Säure-Basen-Gleichgewichtes im Blute beitragen kann, durch Entsäuerung in den Magen im Wege stärkerer Salzsäureproduktion, könnte der Angriffspunkt unserer Wässer auch im Blute oder den nervösen Steuerungszentren gesucht werden, ohne die lokale Wirkung, insbesondere der Schleimlösung, gering zu achten.

Die Mineralwasserbehandlung aller Affektionen des Magens kann aber nur dann zum Ziele führen, wenn gleichzeitig eine sachgemäße diätetische Behandlung zur Durchführung kommt. Wir werden uns bei unseren Anweisungen für Fälle von chronischer Gastritis mit leichten Motilitätsstörungen an den Grundsatz halten, häufige, aber in der Quantität beschränkte Mahlzeiten zu empfehlen, die Flüssigkeitszufuhr nach Tunlichkeit zu beschränken, dabei jedoch die Nahrung kalorisch möglichst hochwertig zu gestalten, da die Patienten, abgesehen vielleicht von der durch chronischen Alkoholismus bedingten Gastritis, bei katarrhalischen Störungen der Magenschleimhaut oft recht heruntergekommen sind. Während man früher, durch die Autorität LEUBEs und PENTZOLDs bestimmt, die mehr oder minder leichte Verdaulichkeit eines Nahrungsmittels nach seiner Verweildauer im Magen beurteilte und nach den Ansprüchen an die motorische Kraft des Magens maß, haben wir heute auch die wundervollen Erkenntnisse, welche wir der Schule PAWLOWS verdanken und von BICKEL klinisch verwertbar gemacht wurden, zu würdigen, und die Nahrungsmittel auch nach ihrer spezifischen physiologischen Reizwirkung auf die Produktion des Magen- und Darmdrüsensaftes zu klassifizieren. Gerade für die Behandlung der chronischen Gastritis haben uns die Erfahrungen über die bedeutende safttreibende Kraft des Histamins die Effekte der reichlich Basen enthaltenden altgeschätzten Nahrungsmittel wie Beeftea, Fleischbrühe, welche jahrelang wegen ihres geringen kalorischen Nutzeffektes als zu wenig „nahrhaft" von den Ärzten gering geschätzt wurden, nunmehr in der diätetischen Behandlung der Magenkrankheiten wieder schätzen lehren lassen. Der normale Verdauungsvorgang setzt ein richtiges, geradezu wunderbares Zusammenspiel der verschiedensten Faktoren voraus. Ein Strom von Impulsen und Reizen an ganz disparaten Angriffspunkten mündet in die eine Resultante: Aufsaugung des Brauchbaren und zeitgerechte Ausstoßung des Nutzlosen, aus, die beschleunigt und verlangsamt oder in falsche Bahnen abgelenkt werden kann. Eingeleitet wird diese komplizierte mechanisch-chemische Arbeit durch einen rein psychischen Vorgang, den Appetit.

Den Appetit heben heißt nicht nur, dem Patienten das Lustgefühl eines exquisiten Bedürfnisses vermitteln, sondern dem physischen Prozeß der Magen-Darmarbeit den kräftigsten Anstoß verleihen. Der Appetit ist bei der Gastritis allein schon gestört, weil die durch die lokalen Veränderungen bedingten Unbehaglichkeitsgefühle vom Magen auf die Psyche verstimmend einwirken und dadurch das Aufkommen des Appetites verhindern, welcher, wie PAWLOW und seine Schüler gezeigt haben, der wichtigste Motor der Magensekretion ist. Man muß darum auch trachten, die Gedanken des Kranken von seinem

Zustand abzulenken, und wir erreichen das am besten, wenn wir empfehlen, die Mahlzeiten stets in Gesellschaft, in heiterer Umgebung, bei Konzerten usw. einzunehmen. Ist der Kranke an Alkohol gewöhnt, werden wir 0,3 Pilsner Bier gestatten, weil dessen Nachteile geringer sind als die Vorteile, die uns die Hebung der Laune, der Zufriedenheit für die Besserung der Verdauungsarbeit gewährleistet. Zerstreuung durch Ausflüge, Gesellschaft usw. sind hier sehr wichtige Behelfe für die Mineralwasserkur auch im Hause. In der Kost werden wir in erster Linie an die sogenannten Saftbildner appellieren. Wir haben schon die Bedeutung der Fleischbouillon für diesen Zweck hervorgehoben und werden auch von den nächststarken Safttreibern (Sekretinen) der Magermilch und dem Eigelb und vom Schabefleisch, das vom Bindegewebe möglichst befreit ist, nach Tunlichkeit Gebrauch machen lassen. Kohlehydrate setzen den Saftstrom herab, sie begünstigen auch die Gärung in dem in seiner Motilität ohnehin schon gestörten Magen; wir werden deshalb in der Kost die Kohlehydrate eher reduzieren. Guter Safterreger ist das Fleisch. Da aber, wie SCHMIDT gezeigt hat, das Bindegewebe bei herabgesetzter Pepsinsekretion unverdaut den Darm passiert und als Vehikel für Bakterien dienen kann, werden wir dasselbe entweder nur als sorgfältig von Bindegewebe befreit oder sehr gut durchgebraten gestatten können, die sogenannten englischen Braten, wie Rumpsteak und Roastbeef dagegen strikte verbieten müssen. Kalbfleisch, Kalbsbries, Hirn sind erlaubt und zu empfehlen. Eier sind vorzügliche Safttreiber; sie dürfen aber nur als weichgekocht gestattet werden. Von Geflügel sind Huhn, Taube anzuempfehlen; man lasse den Patienten aber die schwerverdauliche Haut entfernen. Die fettreichen Gänse- und Entenbraten sind „schwer verdaulich", verweilen sehr lange im Magen, beeinträchtigen die Durchmischung der Speisen mit dem Magensafte und setzen die Saftbildung durch das Fett nicht nur im Magen, sondern auch reflektorisch vom Zwölffingerdarm herab. Gemüse sind nach BICKEL mit Ausnahme des Spinates sehr schwache Safttreiber. Wir erlauben sie in ganz feinverteilter Form als durchpassierten, *ohne jede Mehlzutat ausschließlich im Wasser gekochten Spinat*, Blumenkohlmus, Karottenpüree. Rohes Obst wird am besten ganz gemieden. Von gekochtem Obst ist Mus von Äpfeln und Pfirsichen, weniger von Birnen zu empfehlen. Anregend für die oft darniederliegende Darmmotilität wirkt fein passiertes Pflaumenmus. Wir raten, diese Kompotte ausschließlich mit Saccharin süßen zu lassen, weil der Zucker die

Saftbildung stört und vorzügliches Gärmaterial darstellt. Von Getränken gestatten wir in erster Linie salzarme, alkalische Tafelwässer (Gießhübler, Krondorfer usw.), ferner wenig mit Saccharin gesüßten Tee, Magermilch, verbieten aber starke alkoholische Getränke. Kaffee, bei subazider Gastritis empfohlen, wird bei der sauren aber nur in der Form des Milchkaffees, bei welchem mehr Milch als Kaffee enthalten ist, erlaubt sein, besonders des koffeinarmen Hag-Kaffees. Von Fischen ziehen wir die Süßwasserfische den Seefischen vor. Zu den einzelnen Mahlzeiten empfehlen wir Weißbrot, aus dem die Schmolle sorgfältig herausgenommen wurde, eventuell mit etwas Butter belegt. Eine für alle Fälle von chronischer Gastritis gültige Diätformel läßt sich naturgemäß nicht aufstellen, weil in dem einen Falle mehr die motorischen, in anderen wieder die sekretorischen Veränderungen und nicht zu selten auch sensible Reizerscheinungen das Bild beherrschen können. Eine Tagesverordnung im angezogenen Falle würde etwa folgendermaßen aussehen:

Zum Frühstück zirka 200 g nicht zu heißer Tee oder bei Diarrhöe Eichelkakao, dem etwas Magermilch beigegeben wird; 1—2 Stück Karlsbader Wasserzwieback; 1 weichgekochtes Ei mit möglichst viel Salz. Nach etwa 20 Minuten 5 Deka magerer, feingewiegter Prager Schinken.

1 Uhr mittags zirka 150 g Bouillon mit Ei (consomé) und etwas Fleischextrakt, oder auch mit Hirn.
Huhn ohne Haut, ohne Sauce, Kalbsbries, Forelle.
Rindfleisch, gut gekocht oder durchgebraten, Kalbssteak mit durchgesiebtem Spinat, Karottenmus, Spargelköpfe, durchpassiertes Erbsenmus, ungesüßtes Apfelmus, ausgehöhlte Semmel. (Die Kernfrüchte sind wegen ihres geringen Gehaltes an Obstsäuren den Steinfrüchten vorzuziehen.) 1 Glas Gießhübler usw. (längere Zeit im Glase gestanden).
200 g Magermilch oder Tee, Zwieback mit etwas Butter, verkehrter Kaffee, d. h. mit reichlich Milch, Tee auch schwedisch, d. h. direkt mit heißer Magermilch gebrüht.

Abends $^1/_2$8 Uhr 7 Deka magerer Schinken, Tee;
oder Kalbssteak mit Spinat usw.;
manchmal Grieß-Reis in Bouillon; ausgehöhlte Semmel.

Eine ganz besondere Berücksichtigung erheischen jene Fälle von chronischer Gastritis, welche mit Hypermotilität des Magens einhergehen. Die zu schnelle Beförderung des Mageninhaltes in den Darm, die mangelhafte Desinfektion desselben durch den Magensaft ist die Ursache der von SCHMIDT so klassisch gekennzeichneten gastrogenen Diarrhöen, welche nicht nur beim Karzinom des Magens, sondern auch schon in rein funktionellen Störungen des Magens ihre Ursache haben können. Die Untersuchung der Fäzes zeigt bei diesen Kranken noch deutlicher als bei der gewöhnlichen mit Hypopepsie einhergehenden Gastritis reichlich vorhandenes Bindegewebe, ein sicheres Symptom der gestörten Magensaftproduktion. Die Untersuchung der Fäzes soll sich nicht nur auf das Fahnden nach Bindegewebe beschränken, sondern insbesondere auch die Reaktion prüfen, wenn möglich auch eine SCHMIDTsche Gärungsprobe umfassen. Die Untersuchung der Fäzes kann uns sehr wertvolle Fingerzeige für die diätetische Behandlung liefern. Stark alkalische Reaktion, alkalische Gärung, bedeutet Eiweißfäulnis, zumeist begleitet von Sub- oder Anazidität des Magensaftes. Sie erheischt neben der Karlsbader Wasserbehandlung dringend auch Salzsäuremedikation und reichliche Kohlehydratzufuhr. Saure Reaktion, Säuregärung erfordert Dispens von Kohlehydraten. Wir müssen bei den Kostschemen immer in Berücksichtigung ziehen, daß bei schlecht verdautem Bindegewebe meistens das Fleisch auch schlecht verdaut wird, und die Kohlehydrate die beste Sicherheitspolizei gegen die Fäulnisbakterien darstellen, und endlich, wie SALOMON mit Recht hervorhebt, die Kohlehydrate bei Diarrhöen mit alkalischer Reaktion exquisite Stopfmittel sein können. Wir werden bei der Hypermotilität auch trotz der Möglichkeit, vorübergehend die Bildung der spezifischen Magensekrete noch weiter herabzusetzen, das Mineralwasser etwas höher temperiert, bis 62° C, reichen, um eine längere Verweildauer im Magen herbeizuführen. Die Kur würde sich dann folgendermaßen gestalten: Früh nüchtern werden 200 g 62° C warmer Mühlbrunnen getrunken, nach 25 Minuten dieser Vorgang wiederholt. Ungefähr eine halbe Stunde vor dem Mittagbrot und etwa 3 Stunden nach demselben sind je 100 g von zirka 60° C warmem Mühlbrunn zu trinken. Haben wir bei der Hypomotilität des Magens die Kohlehydrate möglichst reduziert, so werden wir nunmehr derselben reichlich bedürfen, weil bei diesen Formen die Fäulnisprozesse im Darme, zu welchen das schlecht vorverdaute Fleisch Veranlassung gibt, gegenüber den Gärungsprozessen überwiegen, die Kohlehydrate den besten Schutz für die Eiweißstoffe gegen die Fäulnisbakterien darstellen. Den besten Fingerzeig, welchen Weg wir zu gehen haben, wird uns auch hier die genaue Stuhluntersuchung nach Verabreichung der SCHMIDTschen Probekost geben können, die in keinem Falle einer längere Zeit andauernden Magenaffektion verabsäumt werden darf.

Ulcus ventriculi et duodeni.

Berühmt und unbestritten in ihrem günstigen Einfluß ist die Karlsbader Kur beim Ulcus ventriculi und duodeni. Hier sind es nicht nur die säuretilgenden Eigenschaften der Karlsbader Thermen, welche die oft gleichzeitig bestehende Hyperazidität des Magensaftes bekämpfen, sondern mehr noch die durch die erschlaffende Wirkung auf den Tonus der Muskulatur bedingte völlige Ruhigstellung des Organes, durch welche die günstigen Bedingungen für die Heilung des Geschwüres bzw. der Konsolidierung der Narbe geschaffen werden. Besonders bei Fissuren am Pylorus, welche oft schon nach jedem Trunke kalten Wassers durch einen Spasmus im Antrum pylori die heftigsten Schmerzen verursachen, erweist sich der sedative Einfluß der Karlsbader Wässer souverän. Ganz besonders verständlich wird uns die heilungsfördernde Wirkung der Karlsbader Kur bei den verschiedenen Magen-Duodenal-Ulzera in Anbetracht des unzweifelhaften Zusammenhanges dieser Affektionen mit der chronischen Gastritis. Ob dieselbe erst eine Folge der gesteigerten HCl-Produktion ist, wie ASCHOFF und BÜCHNER meinen (Ätzgastritis), oder nach KONJETZNY, SCHMINKE und KORBSCH unabhängig von den Aziditätsverhältnissen auftritt — gibt es ja, wie die Münchner F. VON MÜLLERsche Schule gezeigt hat, auch anazide Magengeschwüre — stellt die chronische Gastritis allein schon, wie oben ausgeführt, eine Indikation für die Karlsbader Behandlung und erweist sich ihre Anwendung schon aus diesem Blickpunkte für die Ulkusbehandlung gegeben. Ulkuskrankheit betrifft nach VON BERGMANN zum großen Teil die vegetativ stigmatisierten Menschen. Durch die schönen Untersuchungen STÖHRS haben wir erfahren, daß gerade in der Magenmukosa das Nervengeflecht als ein totalitäres Synzytium aufzufassen ist, dessen ganzer Bau gestört ist, wenn nur ein Glied ausfällt, oder in seiner Funktion, z. B. durch gastritische Infiltration, beeinträchtigt wird. STAHNKE konnte durch fortgesetzte Vagusreizung echte Magenulzera erzeugen. CUSHING zeigte Zusammenhänge von Tumoren im Zwischenhirn und Ulcus ventriculi auf. Die Zentralsteuerung der ineinandergreifenden Funktionen des Magens kann schon durch die Veränderung des Ionenmilieus im Blute, wie sie eine Mineralwasserbehandlung bewirkt, auch in unserem Falle im sedativen

Sinne beeinflußt werden. Die Bedeutung lokaler Spasmen der präkapillären Arteriolen sowie Dyskinese der Muskularis mit konsekutiven Ernährungsstörungen an der Mukosa darf für die Ulkusgenese nicht unterschätzt werden. Auch kommt es vor, daß die Magenschleimhaut heterotopisch stellenweise derart verändert ist, daß sie ausgesprochenen Dünndarm-Schleimhaut-Charakter hat und gegen Salzsäure viel empfindlicher ist und damit auch zu Ulkusbildung disponiert. So wie der Magen dazu dient, das Säure-Basen-Gleichgewicht im Blute zu regulieren durch Entsäuerung im Wege der HCl-Sekretion, so lehrt uns die Klinik der akuten Gastritis, daß der Magen auch zur Ausscheidung toxischer Substanzen aus dem Blut in den Verdauungsschlauch dienen kann, und als exquisites Exkretionsorgan auftritt. Der profuse Flüssigkeitserguß in den Magen, der bei der akuten Gastritis zu Erbrechen führt, ist ein automatischer Entgiftungsvorgang. Er ist gewiß nicht ausschließlich der Ausdruck eines bloßen Verdünnungsvorganges der im Magen befindlichen Noxen, sondern auch ein Ausscheidungssymptom der bereits ins Blut eingetretenen und allgemeine Vergiftungssymptome hervorrufenden schädlichen Stoffe. So mögen auch andere Gifte aus dem Blut zeitweilig den Weg in den Magen finden und daselbst ulkuserzeugend wirken, z. B. überreichlich produzierte Vagus-Sympathikus-Stoffe, „pressorische“ Substanzen usw., ulzeragon sich auswirken.

Gerade auch der glänzende Erfolg der Larostidinbehandlung beim Magenulkus, der sich oft schon nach 2 Injektionen in absoluter Schmerzlosigkeit des manchmal noch weiter blutenden Ulkus zeigt, weist auf die Wichtigkeit des terminalen Nervenapparates bei der Ulkusgenese hin und ihre Beeinflussung durch chemische Körper im Blute. Hier ist auch des unzweifelhaft schädlichen Einflusses des Nikotins, besonders beim Zigarettenrauchen, auf Ulkus und Hyperazidität zu gedenken.

Ulcus ventriculi und duodeni, Fissura und Erosio pylori erfordern eine ziemlich protrahierte Kur in der Dauer von mindestens 5—6 Wochen. Besteht reichlicher Magensaftfluß mit Hyperazidität, muß dieselbe oft noch länger ausgedehnt werden, weil, wie wir oben gezeigt haben, die Hemmung der Saftproduktion erst nach längerer Kur in klinische Erscheinung tritt. Man muß diesem Umstande bei der Dosierung des Mineralwassers und insbesondere auch bei der Feststellung der Kostordnung Rechnung tragen und sich vorerst über die Sekretionsverhältnisse und das Stadium des Prozesses vergewissern, bevor man eine konsequente Mineralwasserbehandlung der geschwürigen Prozesse des Magens und des Duodenums einleitet. Ein blutendes Magengeschwür gehört ins Bett und nicht nach Karlsbad. In der ersten Zeit der LEUBE- bzw. der LENHARTZ-Kur, über welche beiden Behandlungsformen hier nicht abgehandelt werden soll, kann man wohl schluckweise Karlsbader Wasser trinken lassen, aber die typische Karlsbader Kur soll erst einige Wochen später in Angriff genommen werden. *Oft macht man dann die Erfahrung, daß ein scheinbar gut ausgeheiltes Ulkus nach wenigen Tagen der Karlsbader Kur wieder Beschwerden macht, nicht gerade Schmerzen auftreten läßt, aber doch leises Unbehagen nach den Mahlzeiten, Aufstoßen und Sodbrennen verursacht. Man muß deshalb in Quantität und Temperatur des Mineralwassers äußerst vorsichtig sein.* Speziell die in vielen Lehrbüchern gerühmten mitteltemperierten Wässer mit ihrem nicht geringen Kohlensäuregehalt steigern oft diese Beschwerden durch Aufblähung des Magens, Säureproduktion und konsekutiver Reizwirkung des scharfen Saftes auf die noch nicht hinlänglich konsolidierte Narbe. *Man lasse deshalb lieber die heißen Quellen, aber entsprechend abgekühlt, trinken.* Beim Versandwasser ist aus demselben Grunde der Sprudel dem Mühlbrunnen vorzuziehen. Man beginnt mit 100—150 g auf 50° C erwärmten Sprudel und läßt dasselbe Quantum nach 20 Minuten noch einmal trinken. Mittags, ein Stunde vor der Mahlzeit, 100 g in derselben Temperatur und als letzte Ration am Abend 100 g 20° C warm. Bei Neigung zur Obstipation setze man dem ersten Morgenglase $2^1/_2$ g Karlsbader Salz zu und wiederholt dies gegebenenfalls auch beim 2. und 3. Glase. In den ersten Tagen wende man vorsichtsweise jedenfalls die Diät 2 des RIEGELschen Schemas an, d. h. Milch, Milchbreie und Püree von Taube oder Huhn. Nach einigen Tagen steigere man das Quantum des zu trinkenden Mineralwassers allmählich bis 200 g, läßt aber im Tage nie mehr als 500 g, auf 4 Trinkperioden verteilt, trinken. Bei ausgesprochener Hyperazidität kann man auch die Temperatur bis auf 65° C erhöhen. Bei den anaziden Ulzera, welche erfahrungsgemäß auch die Wismut- und Silberbehandlung schlecht vertragen, werden auch die Direktiven unserer Mineralwasserbehandlung etwas anders sein müssen, und insbesondere höhere Temperaturen als 45° C vermieden werden. Hat man, ohne Reizerscheinungen hervorzurufen, die Kur durch einige Tage gebrauchen lassen, kann man sukzessive zu der substantielleren Ernährung übergehen. Es ist das große Verdienst von LENHARTZ, darauf hingewiesen zu haben, daß bei einseitiger Betrachtung des möglichen Schadens einer größeren mechanischen Arbeit des Magens, wie durch lange durchgeführte Brei- und Milchkost, schließlich chronische Unterernährung eintritt und mit dieser die Bedingungen für eine kräftige Narbenbildung verschlechtert werden. Das Blut muß der Geschwürsfläche reichliches Nährmaterial zu produktiver Gewebsbildung der Narbenformation zuführen. Die Differenz im Säurebindungsvermögen beider Kostarten, nach LEUBE und LENHARTZ, fällt dagegen, wie SCHÜLE fand, praktisch nicht ins Gewicht. Wir werden also auch während einer Karlsbader Kur in Würdigung der LENHARTZschen Prinzipien vom Werte der mechanischen Arbeitsleistungen des Magens und der Anreicherung des Blutes mit energiereichem Materiale, bemüht sein, die Nahrung nicht nur substantieller, sondern noch mehr kalorisch möglichst hochwertig zu gestalten. Wir reichen in der 2. Woche ungefähr folgende Kost:

Frühstück: 200 g Kakao oder Milch.
2—3 Karlsbader Zwieback mit etwas Butter bestrichen. Nach einer halben Stunde 2 weiche Eier. Nach weiteren 2 Stunden 1 Glas Milch oder eine dicke Schleimsuppe.

Mittag wenig Suppe mit Ei. Feingebratenes Huhn ohne Haut oder haschiertes Kalbfleisch.
Forelle, deutsche Beefsteaks.
Spinat (außer bei starker Hyperazidität, weil Spinat starker Safttreiber ist), Karottenmus, Apfelmus mit Saccharin gesüßt.

Nachmittag wie früh.

Abends: Haferschleimsuppe oder feingewiegter Schinken bzw. Schabefleisch oder 1 Glas Milch oder an 120 g deutsches Beefsteak.

Während der ganzen Kurzeit sollen heiße Kataplasmen täglich durch 2 Stunden appliziert werden. Manchmal tritt in der 3. bis 4. Woche stärkere Atonie auf; dann unterbricht man am besten durch einige Tage die Kur, um dann, wie im Beginne, wieder anzufangen. Viele Patienten trinken dann noch mit Nutzen durch 6 Monate etwa früh nüchtern 150—200 g 50° C warmen Mühlbrunnen unter Zusatz von 5 g Karlsbader Salz.

Eine gewisse Vorsicht in der Auswahl der Speisen bleibe mindestens durch ein Jahr geboten. So sollen rohes Obst, stark gewürzte Braten, saure Salate, Senf, Essig, Fruchteis, eingekühlte Getränke, besonders Sekt, streng vermieden werden.

Nach den Mahlzeiten wird oft auch eine Messerspitze eines Gemisches von Soda und Magnesia besonders im Falle von Obstipation nicht zu entbehren sein. Ist das Ulkus bereits geheilt, und zeigen sich, langsam zunehmend, die Beschwerden einer beginnenden Stenose, so treten zuerst die Prinzipien, wie sie bei der chronischen atonischen Gastritis niedergelegt wurden, in Kraft. Allerdings muß man die motorischen Leistungen des Magens nunmehr genau überwachen und im Falle einer sichtlichen, deutlicher werdenden Passagebehinderung am Pylorus, *nicht zu lange, mit rein internen Maßnahmen den Patienten vom Gewicht kommen lassen, sondern rechtzeitig an die Hilfe des Chirurgen appellieren.* Besonders bei alten, oft rezidivierenden Ulzera, die jahrelang typische nächtliche Rückenschmerzen, welche auf Sodagaben rasch, aber nur vorübergehend zurückgehen, verursachen, und bei welchen der Magen durch zahlreiche perigastrische Verklebungen in seiner Bewegung gehemmt wird, sollen nicht zu lange der segensreichen Operation vorenthalten werden. Die Methode der Wahl für dieselbe ist heute nicht mehr die früher meist geübte Gastroenterostomie, sondern die Pylorusresektion, bei welcher gleichzeitig das Reizzentrum für die Säurebildung mit entfernt wird.

Die Behandlung der Hyperazidität.

Die balneotherapeutische Besprechung des runden Magengeschwüres führt uns zur Frage der Behandlung einer Störung der Magenfunktion, welche vielfach das Krankheitsbild des chronischen Magengeschwüres begleitet, nämlich der Hyperazidität des Magensaftes und des Magensaftflusses. Letzterer ist als besonderes Krankheitsbild durch REICHMANN von den anderen Sekretionsneurosen des Magens herausgehoben worden und wird heute schlechtweg als REICHMANNsche Krankheit beschrieben. Erfahrungen ADOLF SCHMIDTS und seiner Schule, KATSCHS, KNUD FABERS u. a. weisen aber zu Vorsicht in der Auffassung dieses Symptomenkomplexes als selbständiges Krankheitsbild hin, weil sich meist die Beschwerden als durch ein latent gebliebenes Ulcus ventriculi oder duodeni bedingt erwiesen haben. Die zuerst von BOAS nachdrücklichst propagierte systematische Untersuchung der Fäzes auf okkultes Blut sowie die systematische Röntgenprobe haben uns reichliche Aufschlüsse für viele als Neurosen behandelte Magenaffektionen gebracht und lehrten uns, wie ungeheuer häufig das Ulkus auftritt, ohne deutliche klinische Symptome hervorzurufen. Wir werden deshalb vor jeder Einleitung einer Karlsbader Kur bei einem an Gastrosukkorrhöe (REICHMANNscher Krankheit) leidenden Kranken die Fäzes nach mehrtägiger fleisch- und chlorophyllfreier Kost auf okkultes Blut zu untersuchen haben und eine eingehende Röntgenuntersuchung vornehmen. Nach MODRAKOWSKI ist Hyperazidität mit Hypersekretion identisch. Die Untersuchungen mit der dünnen Verweilsonde haben auch ergeben, daß entgegen der früheren Annahme auch der normale Magen im nüchternen Zustande stets etwas Sekret enthält. Überschreitet diese Menge 100 cm^3, so liegt ein pathologischer Vorgang vor. Der Magensaft als solcher wird nach Meinung von PAWLOW und BICKEL stets in derselben Konzentration gebildet. Wir bestimmen aber bei der Ausheberung gar nicht den Magensaft, sondern den Mageninhalt. Wir sprechen dann von Hyperazidität, wenn die Gesamtazidität 70 übersteigt, und von Subazidität, wenn sie unter 30 liegt. Die höchsten gefundenen Titrationswerte überschreiten fas nie die Gesamtazidität von 130, das entspricht 0,46% HCl; ein Gehalt von $^1/_{60}$ HCl ist die optimale Säuerung für eine gute Pepsinwirkung. Bei einer mit der Gaskettenmethode bestimmten Wasserstoffzahl nach MICHAELIS bedeutet eine Azidität von p_H 1,5 abwärts Hyperazidität, von 2,9 aufwärts Subazidität. Es ist aber irrig, die gefundene Aziditätsmenge bei ein und demselben Individuum als konstant anzunehmen, denn die Sekretion verläuft in Kurven, deren Ablauf noch interferiert mit den verschiedenen Phasen der Motilität und häufigem physiologischen Rückfließen des Duodenalsaftes. An Stelle des Probefrühstückes hat sich der Probetrunk mit 300 cm^3 5%igen Alkohols durchgesetzt. Der stark saure Magensaft ist durch das Absinken der Viskosität durch gelösten Schleim viel leichter filtrierbar als der alkalische und führt zu der trügerischen Annahme, daß der übersäuerte Saft keinen Schleim enthält. Tabische Krisen, welche oft das klinische Bild der Hinterstrangdegeneration einleiten und die Kardialgien sensu strictiori von der REICHMANNschen Krankheit abzugrenzen, ist nicht immer leicht, da anfallsweises Erbrechen stark saurer Flüssigkeit allen diesen Affektionen gemeinsam ist. Haben wir nun das Fehlen einer organischen Veränderung, insbesondere auch die Abwesenheit einer Gastritis acida, eines duodenalen oder Magenulkus durch den Magenschlauch und Röntgenographie festgestellt, so können wir die notwendige, allgemein tonisierende Nervenbehandlung mit Erfolg der Balneotherapie koordinieren. Dieselbe ist nicht verschieden, wenn es sich um einfache Hyperazidität oder um

Magensaftfluß handelt, d. h. ob auf die physiologischen Reize des Appetites und der Speisen ein zu saurer Magensaft geliefert wird, oder ob derselbe auch ohne Zusammenhang mit dem Verdauungsgeschäfte in den leeren Magen sezerniert wird. Richtunggebend für das Quantum des administrierten Mineralwassers ist die Magen- und Darmmotilität; die meisten Hyperaziden sind zugleich konstipiert und ADOLF SCHMIDT hat die durch die vermehrte Salzsäure entstehende Eupepsie als Ursache mancher chronischen Obstipation angesehen. Die chronische Obstipation ist wohl nur Begleitsymptom der Hyperazidität und steht nicht mit derselben in ursächlichem Zusammenhang. Auch die Beschwerden der als „hyperazid" geführten Patienten, sind nicht ausschließlich auf den Säuregrad des Mageninhaltes zurückzuführen. RUDOLF KAUFMANN hat darauf aufmerksam gemacht, daß es Menschen gibt, die den Symptomenkomplex der von KATSCH als „Azidismus" bezeichneten Beschwerden auch bei normalem Salzsäuregehalt aufweisen und schloß daraus auf eine individuelle besondere Empfindlichkeit der Magenschleimhaut gegen HCl. In der Tat geht weder die Menge des Magensaftes noch sein Gehalt an HCl der Intensität der Beschwerden parallel. Außerdem tritt gerade bei diesen Patienten der von HEMMETER als Heterochilie bezeichnete rasche Wechsel von Hyper- zu Hyposekretion ein. Unsere Karlsbader Therapie darf man sich auch nicht nur als einfache Lokaltherapie des Magens denken; intravenös applizierte Alkalien wirken ebenso sekretionshemmend wie in den Magen eingebrachte. Kleine Sodagaben wirken schon von der Mundschleimhaut aus, und umgekehrt zeigt PAWLOW, daß Salzsäure, in den Dünndarm eingebracht, reflektorisch Salzsäuresekretion hemmt; anderseits habe ich beobachtet, daß HCl schon von der Mundschleimhaut aus die Saftproduktion steigert. Die Wirkung unserer Wässer ist demnach auch in diesem Fall eine komplexe, teilweise retrograd vom Blut aus wirksam zu erkennen, abgesehen von den lokalen Wirkungen und der Wärme auf die Motilität des Magens. Das so häufige Sodbrennen findet seine Erklärung in der gesteigerten Peristole des Magens, Steigerung des Innendruckes, welcher die Kardia sprengt und den Mageninhalt in die Speiseröhre eintreten läßt. Das Sodbrennen wird vom Patienten oft direkt als laugenhaft empfunden, was nur möglich ist, wenn durch den gesteigerten Rückfluß des Duodenalsaftes die Saftreaktion umschlägt. Dies tritt besonders häufig bei der Pericholezystitis auf, bei welcher die Duodenalwand oft starr und infiltriert ist. Hier deutet galliges Erbrechen wirklich, wie die Laien instinktmäßig glauben, auf die Beteiligung des Gallensystems hin. Wir verwenden bei der Behandlung der Hyperazidität des Magens, wenn dieselbe nicht mit einer Herabsetzung der Magenmotilität verbunden ist, große Dosen heißen Wassers, besonders dann, wenn gleichzeitig spastische Obstipation vorhanden ist. 4mal 200 g auf 60° C erwärmter kohlensäurearmer Sprudel unter Zusatz von 5 g Karlsbader Salz im ersten Glas in 5-Minuten-Pausen nüchtern getrunken, wirken am besten. Macht sich ein Widerwillen beim Patienten geltend, so kann dieses Intervall bis 10 Minuten verlängert, aber nicht bis zu einer Viertelstunde gedehnt werden, weil dann die konstipierenden Wirkungen des Karlsbader Wassers störend eintreten. Vor dem Mittagessen werden ebenfalls 2mal je 200 g getrunken und 5 Stunden nach dem Mittagessen ebenfalls 2mal je 200 g, weiters vor dem Schlafengehen 200 g zimmerkalt. Daneben dürfen natürlich hydriatische Prozeduren, Gymnastik usw., eventuell Massage des Abdomens nicht fehlen. Sehr vorteilhaft sind Halbbäder von 26° R mit Übergießung und Abkühlung bis 18° R bei gleichzeitiger Anwendung von schottischen Duschen, Fächerduschen und fließenden Fußbädern usw., ohne daß die Gesamtprozeduren länger als 6—8 Minuten ausgedehnt werden.

Bei der Aufstellung des Kostregimes für die Hyperazidität werden wir uns erinnern, daß besonders die Fette, wie dies von Noorden, Boas und Walko zeigten, vom Hyperaziden nicht nur ausgezeichnet ausgenützt werden, sondern daß durch dieselben auch die Reizbarkeit der Magenschleimhaut gegenüber der HCl herabgesetzt wird und die Saftproduktion reduziert werden kann durch Steigerung des physiologischen Rückflusses des Duodenalsaftes (Volhard). Natürlich ergeben sich auch hier zahlreiche individuelle Ausnahmen derart, daß bei manchen Hyperaziden wieder just die Butter und Olivenöl Unbehagen und Säureproduktion zur Folge haben. Katsch und Kalk gelang es tatsächlich nachzuweisen, daß in das Duodenum eingebrachte Fette, Butter oder Olivenöl bei manchen Kranken die Saftsekretion steigern. Das Kostregime muß man den Neigungen des Patienten anpassen, sie wissen oft selbst am besten, was ihnen schadet und was ihnen nützt, weil das ganze Krankheitsbild ja nur ein Projektionsfeld des gestörten, endokrinvegetativen Gleichgewichtes auf den Magen darstellt. Kein Zweifel ist, daß Kaffee und Tabak sehr schädlich sind. Ebenso der starke Safttreiber Spinat (!) nebst Fleisch und geräuchertem Speck. Auch die Milch ist Safttreiber und verdient gewiß nicht den Rang im Speisezettel, der ihr seinerzeit zuerst von Curveil-

HIER in der Behandlung des Ulkus eingeräumt wurde. Suppen sind einzuschränken, ebenso das Kochsalz, starke Gewürze vollkommen zu verbieten. Oft ist es nötig, die Kur noch mit einem alkalischen Mischpulver zu unterstützen. Als solches bewährte sich mir

Natr. hydrocarb. 10
Calc. carb.
Magnes. perhydrol. aa 6,0
Pulv. Rad. Rhei 3,0
Flor. sulf. 2,0
Extr. Belladon. 0,25
Ol. Menth. pip. gtt. II
Mfp. D. S. messerspitzweise

Recht gut wirken Pillen (nach GLÄSSNER)

Natr. glykocholici 1,0
Extr. Belladon. 0,3
Massa pil. ad No. XX
Nach jeder Mahlzeit eine Pille

Ist die Obstipation gering, so kann man das Rheum weglassen. Kohlehydrate werden in sehr fein verteilter Form gegeben, in welcher sie den Magen rascher passieren, weil harte Brocken, durch den rein mechanischen Sekretionsreiz gesteigerten Saftfluß hervorrufen. Da gerade bei der Hyperazidität des Magensaftes so viele nervöse Momente mitspielen, muß man der Neigung und Abneigung der Patienten noch mehr Rechnung tragen als bei den organisch bedingten Magenaffektionen. Diese individuelle Eigentümlichkeit äußert sich besonders bei der Milch und den süßen Speisen, welche oft gut vertragen werden und manchmal wieder die heftigsten Schmerzen auszulösen imstande sind. Andererseits werden häufig reine Zuckerlösungen zu Mastkuren bei heruntergekommenen Hyperaziden mit Erfolg verwendet.

Achylia gastrica.

Eine recht häufige Indikation für die Behandlung mit dem Karlsbader Mineralwasser stellt die Achylia gastrica dar. Die Karlsbader Mineralwasserbehandlung ist naturgemäß nur für die funktionelle Achylie oder auf dem Boden einer chronischen Gastritis mit partieller sekundärer Schleimhautatrophie entstandenen Saftarmut angezeigt, sowie für die sehr häufige Form, die im Gefolge einer Cholezystopathie (Zystikussteine H. H. BERG) und Cholezystektomie auftritt. Die Achylie, welche organisch bedingt ist (durch Karzinom, Tänien, Anchylostomum, perniziöse Anämie), kann natürlich nie Gegenstand einer Mineralwasserbehandlung werden.

Nach dem Kriege waren auch achylische Zustände nach durchgemachter Ruhr, vielleicht als zweite Krankheit im Sinne Rössles sehr häufig.

Die Achylia gastrica, manchmal auch von Achylie des Pankreas begleitet, stellt oft nur den Endausgang der chronischen Gastritis dar. Diese ist ja Domäne für unsere Mineralwasserbehandlung. Die echte Achylie, das ist diejenige, die auch nach einem halben Milligramm Histamin noch keine Salzsäuresekretion aufweist, gibt uns keine Chancen. Wir verdanken Bickel die Kenntnis, daß die Emanation des Radiums die Fähigkeit besitzt, aus Profermenten Fermente zu bilden, also fermentaktivierend aufzutreten. Dieser Einfluß könnte sich aber nur bei dem an der Auslaufstelle getrunkenen Wasser geltend machen, da das Versandwasser keine Emanation besitzt; der wirksamste Faktor dürfte aber in der Kohlensäure und den doppeltkohlensauren Salzen zu suchen sein, sowie in der durch die Wärme hervorgerufenen Hyperämie; denn an dem guten Erfolge bei manchen Fällen ist nicht zu zweifeln. Bei der Achylia gastrica treten die kühleren Karlsbader Quellen in ihr Recht. Wir lassen am besten 2mal je 150 g auf 40° C erwärmten Mühlbrunnen im Intervall von 20 Minuten trinken und im Laufe des Nachmittags, etwa 20 Minuten vor dem Abendbrot, noch einmal 100 g derselben Temperatur. Die Kur soll nicht länger als 20 Tage dauern und nach 6 Monaten wiederholt werden. Selbstredend kann auch während der Kurzeit eine kräftige Salzsäurebehandlung, welche während oder nach dem Essen eingesetzt wird, gleichzeitig durchgeführt werden. Die Kost werden wir ähnlich wie bei der subaziden Gastritis wählen. Unter allen Umständen muß man dem Achyliker, auch wenn er gar keine subjektiven Symptome eines gestörten Magenmechanismus aufweist, das rohe oder halbrohe Fleich sowie Westfäler Schinken verbieten, weil der säurefreie Magen des Achylikers mit seinem absoluten Unvermögen, rohes Bindegewebe zu verdauen, oft Gelegenheit zur Entwicklung gastrogener Diarrhöen bietet. Da auch die Zellulose schlechter im säurefreien Magensaft mazeriert wird, die Wände von Pflanzenzellen schwer gesprengt werden, dürfen auch die vegetabilischen Nahrungsmittel nur in feinverteilter Form, gerade wie bei der Atonie und Hyperazidität, gestattet werden. Reichen Gebrauch werden wir von den sogenannten Safttreibern in der Nahrung machen. Kaviar, Eier, gut durchgebratenes Fleisch, Bouillon unter Zusatz von

Fleischextrakt, Sanatogen usw. werden wir im Kochzettel nicht missen wollen. Stehen die nervösen Beschwerden im Vordergrund, weist insbesondere der rasche Wechsel im Befinden auf funktionelle Komponenten der Störung hin, werden wir veranlaßt sein, die Mineralwasserkur mit hydriatischen Maßnahmen und tonisierenden Medikamenten zu fördern.

Die nervöse Dyspepsie.

Vielfach bestritten ist die Indikation der Karlsbader Mineralwasserbehandlung für das große Gebiet der nervösen Dyspepsie. Nach meiner Erfahrung und der zahlreicher Kollegen in Karlsbad sehr mit Unrecht. Haben wir schon bei Besprechung der Sekretionsstörungen, die auf Über- bzw. Unterempfindlichkeit des vegetativen Nervensystems auf physiologische Reize zurückzuführen sind, gesehen, wie eine Mineralwasserbehandlung auf die Innervation des Magens günstig einzuwirken vermag, so ist auch eine Ingerenz auf die hochkomplizierten Störungen, wie sie bei der nervösen Dyspepsie gegeben sind, nicht von vornherein zu bestreiten. Die nervöse Dyspepsie ist ja eben charakterisiert durch das proteusartige Bild ihrer Erscheinungen, daß die verschiedensten Abweichungen von der Norm, motorische, sensorische und sekretorische Funktionsstörungen gleichzeitig vorhanden sein können oder sich ablösen. Hyperazidität des Magensaftes folgt nach Wochen Subazidität (HEMMETERS Heterochylie), Obstipation wechselt ab mit Diarrhöen usw. Es lassen sich darum nur allgemeine Gesichtspunkte für die Therapie dieser häufigen Magen- und Darmstörungen aufstellen, welche neben einer allgemein tonisierenden und roborierenden Medikation auch immer den vorherrschenden Symptomen gerecht werden muß. Sie sind zumeist Erscheinungsformen irgendeiner Disharmonie im vegetativen System, eines Aufruhrs im endokrinen Zusammenspiel, Störungen von Reflexen in der viszero-sensorischen oder viszero-viszeralen Sphäre.

Eine der gewöhnlichsten Klagen betrifft das Aufstoßen, welches ohne jeden Zusammenhang mit der Nahrungsaufnahme die Kranken, besonders im gesellschaftlichen Verkehr, sehr belästigt. Man war oft geneigt, das Aufstoßen, sofern es geruchlos und ohne Sodbrennen erfolgt, nicht als Ausdruck von Gärungen im Magen, sondern durch Verschlucken von Luft beim Essen zu erklären. Der an nervösem Aufstoßen Leidende wird oft den ganzen Tag von seinem Leiden gequält und gibt viel mehr Luft aus, als er innerhalb der relativ kurzen Mahlzeiten eingenommen haben kann. Es handelt sich wohl zumeist bei diesen mehr oder minder neuropathischen Menschen um eine Atonie, eine Muskelschwäche der Kardia. Wenn der Kranke dem drängenden Innendruck aus dem Magen infolge einer gesteigerten Peristole desselben immer mehr und mehr nachgibt, tritt der Magenschließer immer seltener in Aktion und reagiert schon auf die unbedeutendsten Reize aus dem Mageninnern mit Erschlaffung. Ich komme zu dieser Auffassung des Aufstoßens durch die Erfahrung, daß dasselbe zum Verschwinden gebracht werden kann, wenn man den Patienten anweist, dem Drange nicht nachzugeben, sondern gegen das Übel mit starkem Willen anzukämpfen. Anfangs begegnet dieser Rat Widerstreben seitens der Kranken, bald aber lernen sie diese Energie aufbringen und den Magenöffner richtig innervieren; die angesammelte Luft verläßt auf dem Wege der Blutbahn den Magen. Das nervöse Aufstoßen ist häufig aus einer gewissen Nachlässigkeit hervorgegangen, aus dem Mangel an Willen, gegen den Mageninnendruck anzukämpfen. Dreyfuss hat unter lebhaftem Widerspruch Schüles die Meinung vertreten, daß ein gut Teil der nervösen Dyspeptiker vom Psychiater bzw. Nervenarzt behandelt werden sollte. Diese Auffassung stimmt vorzüglich mit meinen eigenen Erfahrungen überein, daß der Magen oft nur das Projektionsfeld einer gemütlichen Störung ist, der mit Diätvorschriften und Magenmitteln nicht beizukommen ist. Angeregt durch die Untersuchungen Freuds über die Konversion psychischer Erlebnisse in Störungen der physiologischen Magen-Darmfunktionen bei der Hysterie, fahndete ich nach ähnlichen Momenten bei der nervösen Dyspepsie und war überrascht, wie ungeheuer häufig der nervöse Dyspeptiker mit Abnormitäten seiner Vita sexualis im Kampfe liegt, wie oft der Coitus interruptus, Syphilidophobie und ganz besonders die Onanie die Quelle allen Leidens ist. Bei der nervösen Dyspepsie des jugendlichen Mannesalters zwischen 20 und 30 Jahren kann man mit großer Sicherheit dem Patienten gegenüber auch ohne Eingeständnis desselben Aberrationen seines Trieblebens behaupten. *Ohne Psychoanalyse im Sinne Freuds zu betreiben, konnte ich durch bloßes Betonen der Wichtigkeit und Examinierens in bezug auf das Sexualleben das Vertrauen der Kranken, die sich erkannt sahen, gewinnen und damit die halbe Heilung erzielen.* Die Erkennung eines psychischen Ekels nach einem Schock als Konversion in physisches Unbehagen und Verringerung des Appetites mit Herabsetzung der sekretorischen

Magenfunktionen läßt vieles Dunkle in der Mechanik des Zustandekommens der nervösen Dyspepsie aufhellen. Es ist jedenfalls das große Verdienst FREUDS, die üblichen leeren Schlagworte von Überarbeitung, Sorgen und fehlerhafter Ernährung, ebenso die Übertreibung der LAHMANNschen Prinzipien auch in der neuen Form, die ihnen BIRCHER-BEUNER gegeben hat, in ihrer allgemeinen Geltung erschüttert zu haben und Störungen des intensivsten Triebs, wie sie nur zu oft als Folge unserer ganzen gesellschaftlichen Einrichtungen eintreten, als die Hauptquelle der Neurosen und damit auch der nervösen Dyspepsie erkannt zu haben. Sehr häufig ist die nervöse Dyspepsie mit Meteorismus und Flatulenz verbunden. Die einfache Erklärung, daß die Gasbildung im Magen-Darm ein Produkt abnormer Gärungen darstellt, ist für einen großen Teil nicht zureichend. Wir haben in dem Magen, schon durch seine Abscheidung von Salzsäure, einen Regulator des Säure-Basen-Gleichgewichtes im Blute erkannt und ist es sehr wahrscheinlich, daß auch eine Kohlensäureentgasung nach dem Verdauungskanal hin zur Stabilisierung der Blutpufferung beitragen kann. Die bei Inkarzerationen des Darmes in wenigen Minuten auftretende enorme Darmblähung ist ungezwungen kaum anders zu deuten, als reflektorisch bedingte teleologische kompensatorische Darmdrucksteigerung zur Beseitigung des Passagehindernisses. Durch die Exkretion von Kohlensäure aus dem Blute nach dem Darmlumen hin steigt der Druck proximal des Hindernisses. Natürlich ist ein gewissermaßen physiologischer Zustand bei manchen Menschen nicht zu verwechseln mit der mehr oder minder akuten Gassperre bei Peritonitis und den verschiedenen Formen der Kreislaufsinsuffizienz. Hier liegt die Störung in der gehinderten Rückresorption durch die Blutbahn, denn es ist bekannt, daß ein Teil der Gase den Darm auf diesem Wege verläßt und in der Lunge mit der Ausatmungsluft ausgeschieden wird (Methanversuch).

In den Rahmen der nervösen Dyspepsie gehören auch Fragmente des großen Gebietes des von FREUD als Aktualneurosen zusammengefaßten Komplexes der früher als „Neurastheniker“ abgestempelten oder besser gesagt verurteilten Leidenden. Sie stehen unter dem Einfluß von Giften, die den die Sexualempfindung und Sexualbetätigung begleitenden chemischen Umsetzungen im Blute entstammen. Der Orgasmus sowie auch der Hunger sind der Ausdruck eines Verlangens nach Änderung eines aktuellen chemischen Zustandes; ein Zuviel oder Zuwenig fordert Wandel. Das Bild der Intoxikation ist unverkennbar gegeben; die Endokrinologie hat uns solche Zustände leicht begreifen gelehrt. Die gesteigerte oder gesunkene Libido wirkt sich toxisch-somatisch auch ohne Umweg über die Psyche aus. Onanie, Coitus interruptus, Impotenz usw. sind letztlich Stoffwechselerkrankungen, Endointoxikationen des Blutes, denen die physiologisch nötigen Abfangvorrichtungen fehlen, Zustände, die von mir seinerzeit als libidogene Krankheiten geschildert wurden. Sie sind häufig verbunden mit der libidogenen Lumbago. In dem berühmten Roman „Die Forsyte Saga" läßt der Dichter einen alten Liebhaber sagen, daß er die Liebe nur mehr als Lumbago kenne. Auch die Roués in alten Lustspielen treten in Lumbagohaltung auf. Nur die Ärzte kennen ausschließlich den rheumatischen oder gichtischen Lumbago. Wir erkennen ihn als libidogen, weil in der Anamnese die Ursache leicht zu erfragen ist, oft kombiniert mit Neigung zu Übelkeit und Erbrechen, zu „nervösen" Durchfällen und Flatulenz. v. BERGMANN sagte jüngst treffend, daß manche Neurose eine Chemose sei. Nach der Gesamtauffassung dieser Zustände als „Stoffwechselstörungen" ist es auch leicht begreiflich, daß wir mit einer Karlsbader Trinkkur häufig so gute Erfolge erzielen.

Je nach der momentanen besonders hervortretenden Funktionsstörung des Magens werden unsere Dispensationen des Karlsbader Mineralwassers verschieden sein müssen und treten dann die für diese aufgestellten Prinzipien in Kraft, je nachdem es sich um Hyperazidität, Achylie, Anorexie, Obstipation, Flatulenz, nervöse Diarrhöen usw. handelt. Ich habe an anderen Orten darauf hingewiesen, wie häufig die sogenannte spastische, reizsame, Obstipation ein Folgezustand sexueller Exzesse, als Reflexneurose, bedingt durch Reizzustände am Caput gallinaginis und der Klitoris aufzufassen ist. Auch die nervöse Dyspepsie geht sehr häufig mit reizsamer Obstipation einher und muß die Mineralwasserbehandlung zuerst dieser Rechnung tragen. Um Wiederholungen zu vermeiden, soll die Behandlung dieser komplexen Störung im Zusammenhange mit der Balneotherapie der funktionellen Obstipation abgehandelt werden. Sehr Günstiges durch ihre allgemein sedative Wirkung leisten die Karlsbader Thermen in der Behandlung der ebenfalls auf Innervationsabweichungen beruhenden Symptome, des Kardiospasmus und des Ösophagismus, der häufig mit herzanginösen Zuständen interferiert. Bei den ersteren ist die Ausschaltung eines anatomischen Substrates für das klinische Bild, die sichere Diagnose, die erste Voraussetzung des Beginnes einer

Karlsbader Mineralwasserbehandlung. Wir bedienen uns bei den genannten Affektionen mit Vorteil der heißeren Quellen. Man läßt früh nüchtern zweimal 200 g 60° C heißen Mühlbrunn ziemlich rasch (3—4 Minuten) im Intervall von 5—10 Minuten trinken und vor der Hauptmahlzeit nochmals gleichheiße 200 cm³. Eine Stunde hindurch, am besten im Verlaufe des Vormittags, werden heiße Breikataplasmen auf das Epigastrium oder den Rücken appliziert; ebenso sind kurzdauernde Wechselduschen und anschließend leicht hydriatische Prozeduren von gutem Einfluß. Bei zwei meiner Patienten trat der Ösophagismus während des Essens auf Reisen ein, zumeist nur im Speisewagen, manchmal auch schon auf den Bahnhöfen; wir können wohl mit Recht auch für den Ösophagismus psychische Vorgänge, vielleicht bedingte Reflexe als Ausgangspunkt nehmen.

Die funktionelle Obstipation.

Die chronische funktionelle Stuhlverhaltung ist eine weitere wichtige Indikation für die Karlsbader Trinkkur. Nachdem die allerverschiedensten Ursachen eine Verzögerung der Stuhlentleerung zur Folge haben können, wird es immer unsere Aufgabe sein, vor Beginn einer jeden Behandlung jeweilige organische Ursachen der Obstipation ausfindig zu machen. Ich habe schon früher darauf hingewiesen, daß wir diejenigen Fälle von chronischer Obstipation, bei welchen wir keinerlei anatomischen Erklärungsgrund finden, einfach als *funktionelle* Obstipation zu bezeichnen hätten, welcher Auffassung auch STRASSBURGER beigetreten ist, und dieselben von anderen Gesichtspunkten betrachten müssen als diejenigen, bei welchen die Stuhlverhaltung durch die verschiedensten mechanischen Hindernisse bedingt ist. Es ist einleuchtend, daß eine Stuhlverhaltung, die durch Hindernisse im Mastdarme oder dessen Umgebung (Tumoren, Exsudate usw.) verursacht wird, nicht durch eine Mineralwasserbehandlung, deren Angriffspunkt besonders in den höher gelegenen Darmabschnitten gelegen ist, wirklich rationell behandelt werden kann. Allerdings führen mit der Zeit die mechanischen Hindernisse im Mastdarme, wenn nicht durch Klysmen für die rechtzeitige Evakuation gesorgt wurde, zu allgemeiner Darmträgheit, welche an sich durch eine Mineralwasserkur zum Verschwinden gebracht werden kann. Schon BOAS bewies, wie nunmehr die Röntgenographie bestätigt, daß die alte FLEINERsche Einteilung der funktionellen

Obstipation in einen atonischen und spastischen Typus nicht mehr haltbar ist, weil zumeist beide Darmzustände gleichzeitig beim selben Individuum vorhanden sind. Seitdem HOLZKNECHT gezeigt hat, daß für das Vorwärtsschieben der Ingesta weniger die kleinen peristaltischen Wellen Bedeutung haben, sondern die Hauptarbeit in mächtigen Schüben durch den ganzen Dickdarm geleistet wird, die sich nur 3—4mal am Tage wiederholen, ferner durch STIERLINGS Röntgenbilder erwiesen wurde, daß einerseits die Beharrung der Stuhlmassen auf Unterfunktionen größerer Abschnitte beschränkt sein kann (Aszendenz-Typ), bei gleichzeitig distaler Hypertonie der Darmmuskeln, die sich in Spasmen ausdrückt, müssen wir das alte Enteilungsprinzip vollkommen fallen lassen. Im übrigen braucht eine Atonie des Darmes, die durch das Röntgenbild erwiesen wird, keineswegs gleichzeitig eine Motilitätsstörung des Darmes zu verursachen, wie auch eine Atonie des Magens sogar mit beschleunigter Austreibungszeit des Mageninhaltes verbunden sein kann, und oft enorme atonische Enteroptosen normale Stuhlentleerung aufweisen. Wenn wir ferner die wohlcharakterisierten Diarrhöen beim Morbus Basedow ins Auge fassen, die absolute Obstipation beim Myxödem, Störungen also der Schilddrüsentätigkeit oder der dieser übergeordneten Zentren im Zwischenhirn (RIESAK), so ist es kaum gewagt, auch die funktionelle Obstipation als eine Folge von Disharmonien im vegetativ-inkretorischen System anzusehen. MAGNUS und LE HEUX haben in dem Cholin den spezifischen Motor der Darmbewegung erkannt. REID HUNT hat dann das Azetylcholin als die eigentlich wirksame Substanz erkannt und die erst jüngst erfolgten Entdeckungen von H. H. DALE, FELDBERG, GOLLWITZER-MEIER u. a. haben die souveräne Wichtigkeit der cholinergischen und adrenergischen Funktionen des vegetativen Nervensystems auf die Darmmotilität gelehrt, und was der Vagusstoff OTTO LÖWIS für das Herz bedeutet, dürfte für den Cholinester beim Darmmuskel Geltung haben. Auch das Freiwerden des Cholins ist durch Nerveneinfluß verständlich. Relativ nur klein ist die Zahl jener Obstipierten, bei welchen eine Unterempfindlichkeit der Mastdarmschleimhaut (NOTHNAGEL, STRASSBURGER) eine volle Erklärung des Leidens geben würde. Der ganze Verdauungsprozeß, Sekretion, Resorption, Motilität ist gebunden an das klaglose Ineinandergreifen von einander ablösenden Reflexen. Der Ausfall eines einzigen Gliedes in anatomischer oder chemischer Richtung verändert die Endleistung. Diese viszeroviszeralen Reflexe können geradeso, wie durch Lagewechsel die Reflexe an den Extremitäten, gewandelt werden, eine Dysfunktion des gesamten Apparates zur Folge haben.

Die gewissermaßen symptomatische Obstipation, welche als Begleiterscheinung der Cholelithiasis, des Ulcus ventriculi, der Hyperazidität des Magensaftes und der chronischen Appendizitis, der Nephrolithiasis und der diese begleitenden Ischias zur Beobachtung kommt, verlangt eine Therapie, welche in erster Linie der Beseitigung des bestehenden ursächlichen Grundleidens Rechnung trägt. In den akuten Stadien dieser Krankheiten, sowie bei den Fieberzuständen bedingt die sogenannte blande reizlose Kost oft eine Stuhlverhaltung, weil zu wenig Material an Schlacken für die Stuhlbildung geliefert wird. Auch die Furcht der Kranken vor den heftigen schmerzhaften Anfällen, führt oft zu weitgehender Nahrungsenthaltung, welche dann mittelbar Stuhlverhaltung nach sich zieht. Die Furcht vor Schmerzen beim Stuhlabgang bedingt die Obstipation bei Hämorrhoidalknoten, bei Fissuren ad anum und beim zirkumanulären Ekzem, weil die Kranken den ihnen peinlichen Akt möglichst hinausschieben. Koliken, sowie die durch dieselben hervorgerufenen entzündlichen Vorgänge im ganzen Gebiete des vegetativen Nervensystems führen zu den Erscheinungen und Beschwerden der spastischen, reizsamen Obstipation. Die ausgezeichnete Wirkung der Karlsbader Mineralwasserkur bei den genannten Affektionen ist weitreichend bekannt. Die Wirkung auf die Stuhlverstopfung ist hier eine doppelte: einmal auf das primäre Grundleiden und dann mittelbar auf das Symptom. *Wir werden in jedem Falle der klinisch als reizsam zu bezeichnenden Obstipation, über deren Diagnose und Stellung innerhalb des großen Gebietes der funktionellen Obstipation hier nicht weiter abgehandelt werden soll, die auslösende Stelle in Gestalt irgendeiner, wenn auch unbedeutenden organischen Veränderung innerhalb der vom vegetativen Nervensystem versorgten Gebiete zu suchen haben. Wie ich an anderen Orten ausgeführt habe, müssen wir die spastische, reizsame Obstipation als Ausdruck einer Reflexneurose betrachten, die durch lokale Veränderungen an irgendeiner Stelle unterhalb des Zwerchfelles ausgelöst werden kann.* Der Spasmus des Darmes, wie er durch Chirurgen gelegentlich der Operationen wegen Ileus (hysterischer Ileus) autoptisch als möglich erwiesen und auch durch die Röntgenologie sichergestellt wurde, ist manchmal, wie z. B. bei den Nierenkoliken, der Ischias, dem Lumbago, die fast immer von spastischer Obstipation begleitet sind, im Sinne einer Mitbewegung zu deuten. Auch die bei Sexualneurasthenikern, insbesondere Onanisten und Ehemännern, welche Coitus interruptus ausüben, beobachtete spastische Obstipation ist reflektorisch durch Hyperämien am Caput gallinaginis und der Prostata ausgelöst, wie auch alle Arten von Reizzuständen im Gebiete der weiblichen Genitalien zur spastischen Obstipation führen können.

Die lokale Kältebehandlung mit dem WINTERNITZschen Psychrophor, bei Frauen mit LEITERS Kühlapparat auf das äußere Genitale leisten dann oft sehr Gutes. Manchmal kommt man wiederum mit heißen Kataplasmen auf das Abdomen und ganz besonders auf den Damm weiter. In der Trinkkur sind nach Tunlichkeit größere Mengen des heißen Mineralwassers anzuwenden. Man kann gerade bei der spastischen Form der chronischen funktionellen Stuhlverstopfung sich davon überzeugen, daß kalte Flüssigkeiten, *ganz besonders kalte Salzlösungen, sehr schlecht vertragen* werden und die Obstipation sogar noch steigern und exquisite Darmkoliken hervorrufen können. Ich empfehle deshalb, in der Hauskur 3mal je 200 g 60^0 C heißen Sprudel in 10-Minuten-Intervallen trinken und dann mindestens $^1/_2$ Stunde bis zum Frühstück warten zu lassen. Wir beginnen diätetisch jede Obstipationskur mit der Einhaltung einer strikten vegetarischen Diät in der Mindestdauer einer Woche, nicht nur weil die vegetarische Diät besonders schlackenreich ist, sondern auch, weil mit derselben eine vollkommen nervöse Umstimmung des Organismus erreicht werden kann, und der Stuhl viel wasserreicher wird. Die Beobachtung an Obstipationskranken mit besonders starker Diurese zeigt, daß die Resorptionsgeschwindigkeit des Wassers aus dem Darm ein nicht zu unterschätzendes Moment für das Zustandekommen normaler Stuhlentleerung ausmacht. Ein großer Teil der Obstipierten leidet gleichzeitig an Fettleibigkeit. Auch diese zu bekämpfen, hat sich das vegetarische Regime ausgezeichnet bewährt. Je nach der Neigung zu Flatulenz und Meteorismus hat man auch bei der vegetarischen Kost gewisse Einschränkungen zu machen (getrocknete Hülsenfrüchte, reichlich Merkaptanbildner, wie Knoblauch, Zwiebel, ferner frisches Brot und gewisse Kohlsorten). Auch einzelne Rohkosttage sind nützlich. Selbstredend muß immer die Motilität des Magens vollkommen intakt sein, wenn man Karlsbader Wasser in größeren Mengen als 400 cm^3 nehmen läßt. Viel einfacher und meist ganz schematisch lassen sich diejenigen Fälle von funktioneller Verstopfung günstig beeinflussen, bei denen keine anderen Störungen des Wohlbefindens bestehen, keinerlei Affektionen im vegetativen innervierten Organ nachzuweisen sind, also bei Fällen funktioneller Obstipation sensi strictiori. Hier geben uns die Erfahrungen ADOLF SCHMIDTS und seiner Schule, daß der Obstipierte seine Nahrung zu gut ausnützt, wertvolle Fingerzeige. Sehr schlackenreiche Kost, insbesondere die zellulosereichen Brote, wie D. K. Brot, Grahambrot, Kommißbrot, Kompotte und rohes Obst, Milchzuckerwasser, grobes Gemüse, wie Kopfsalat, Kochsalat, ferner Backpflaumen, Prünellen sind Förderer einer normalen Entleerung des Darmes. Auch Fette dürfen nicht im Speisezettel der Obstipierten fehlen. Weichgekochtes Obst, trockenes Dörrobst, Pflaumen, Pfirsiche, Marillen und Äpfel sind insbesondere wegen ihres großen Reichtums an Pflanzensäuren und Pektinstoffen, welche die Peristaltik anregen, anzuempfehlen. Neben der größeren Masse, welche die schlackenreiche Kost liefert, ist auch der chemische Reiz, welchen diese Nahrungsstoffe durch die aus ihnen im Darme entstehenden Gärungsprodukte auszuüben vermögen, nicht zu übersehen. Sehr gute Wirkungen erzielt man mit der Anwendung der alkoholfreien Fruchtsäfte und der gegorenen Milch, sei dies einfach saure Milch oder ein Tag alter Kefir und Yoghurt. Kefir vom zweiten oder dritten Tag ist entschieden zu widerraten, da derselbe hemmend auf die Stuhlentleerung wirkt. Das Karlsbader Mineralwasser wird bei der einfach funktionellen Obstipation am besten zu niedrigeren Temperaturen getrunken. Man kann, je nach dem Zustande des Magens, 5 Becher Mühlbrunn, auf 40—45° C erwärmt, in 5 Minuten Pausen, früh nüchtern trinken lassen. In derselben Temperatur 2mal 200 g vor dem Mittagessen und weitere 2mal 200 g im Laufe des Nachmittags. Einem Becher kann man 5 g Karlsbader Salz hinzusetzen. Man hört oft die Behauptung, daß bei der Karlsbader Kur unter allen Umständen, insbesondere bei derjenigen, welche auf eine Regelung des Stuhlganges abzielt, sehr reichliche Bewegung nötig wäre. Das ist nur sehr bedingt der Fall. Es lassen sich natürlich hier keine allgemein gültigen Regeln aufstellen, wieviel Bewegung zuträglich ist oder gar schadet, da auch diese Verordnung dem individuellen Falle anzupassen ist. So werden oft gerade Fettleibige, welche Neigung zum starken Transpirieren haben, sehr leicht durch reichliche Bewegung direkt obstipiert, und auch erethische Personen mit vorwiegend spastischer Obstipation haben erst bei absoluter Ruhe, selbst Bettruhe die besten Darmfunktionen, ganz besonders, wenn durch die Ruhe auch ein eventuell vorhandenes Grundleiden gebessert wird. Sowohl die spezifische Obstipationsdiät als auch die Mineralwasserbehandlung werden in ihrer Wirksamkeit durch verschiedene physikalische Prozeduren gefördert. Massage, von welcher die Massage einer geübten Hand der mechanischen vorzuziehen ist, Elektrizität, Gymnastik, längere Zeit methodisch geübt, haben einen lange gewürdigten günstigen Einfluß auf den Ablauf der Darmfunktionen. Sie dürfen selbstredend nur von fachkundiger Seite geübt werden, denn auch hier gilt der alte Erfahrungssatz: wenn zwei dasselbe tun, ist es noch nicht dasselbe.

Ein Bericht über die Behandlung der chronischen Obstipation wäre unvollständig, wollten wir nicht der segensreichen Einrichtung des Enterocleaners gedenken. In Karlsbad erreicht man mit dieser Methode ganz Vorzügliches, weil das Karlsbader Wasser ein ideales Spülungsmittel für Schleimhäute darstellt. Zu Hause wäre diese Behandlung eine sehr kostspielige. Ich empfehle mit großem Erfolg, wie ich von meinen Patienten gehört habe, die Anwendung einer verdünnten Karlsbader Salzlösung derart, daß auf je 1 l Wasser 5 g Karlsbader Salz gegeben wird. Diese Lösung ist viel weniger eingreifend als destilliertes Wasser, das eigentlich ein Protoplasmagift ist, und schon wegen ihrer schleimlösenden Wirkung diesem vorzuziehen ist, weil es bei längerer Dauer des Übels meist zu mehr minder katarrhalischen Veränderungen der Dickschleimhaut kommt. Statt des Enterocleaners kann man auch Spülungen je 1 l Wasser mit 5 g Salz anwenden, wobei man nach jedem Einlauf gleich das Wasser wieder ablaufen läßt (PLOMBIEREsche Methode).

Der chronische Darmkatarrh.

Allbekannt und berühmt ist die vorzügliche Wirkung der Karlsbader Kur bei den verschiedensten Erkrankungen des Darmes, welche gerade auch für Hauskuren ein überaus dankbares Feld abgeben. Die Fortschritte in der Erkennung und genauen Lokalisation der Affektionen des Darmkanals, welche wir der von ADOLF SCHMIDT inaugurierten systematischen Untersuchung der Fäzes nach einer bestimmten Standardkost und der Röntgenologie verdanken, haben auch die Anwendungsform unserer spezifisch Karlsbader Balneotherapie in ein rationelles System gebracht. Das erste Erfordernis für die Festlegung von Richtlinien einer jeden zielbewußten Therapie ist ja die genaue Analyse der klinisch in Erscheinung tretenden Symptome. Gelegentlich der Besprechung der Magenstörungen haben wir schon hervorgehoben, wie häufig sich im Gefolge derselben auch Affektionen des Darmkanals anschließen und sogenannte gastrogene Diarrhöen sich einstellen. Dies ist beim Karzinom des Magens, der Achylie und der subaziden Gastritis sehr häufig der Fall. Die Erkennung des gastrischen Ursprunges der Darmstörung gewährleistet uns der Nachweis von unverdautem Bindegewebe im Stuhle nach Verabreichung der SCHMIDTschen Probekost. Salzsäuregaben, Verbot von ungekochtem rohen Fleisch und Schinken werden unsere ersten Maßnahmen sein. Ebenso werden wir die Wichtigkeit der mechanischen Zerkleinerung der Nahrungsstoffe hervorheben und den Speisezettel ähnlich dem bei der chronischen Gastritis beschriebenen gestalten. Da aber die langdauernde Überschwemmung des Darmkanals mit Bakterien führenden, im Magen für die Darmarbeit schlecht vorbereiteten Nahrungsmitteln den Darm schließlich auch in einen chronischen Reizzustand versetzt, entstehen aus den gastrogenen Diarrhöen mit der Zeit echte enterogene, d. h. Darmkatarrh. Mit der Behandlung der ursächlichen Magenaffektion verstopfen wir zwar dann die Quelle des Übels, dieses selbst müssen wir aber dann auch direkt therapeutisch zu beeinflussen trachten, nachdem wir uns erst überzeugt haben, welcher Darmteil sekundär besonders infiziert bzw. gereizt erscheint. Diese topische Darmdiagnostik läßt sich in beschränktem Maße mit der systematischen Stuhluntersuchung bewerkstelligen. In jüngster Zeit hat PORGES auf die Wichtigkeit der Erkennung des Dünndarmkatarrhs hingewiesen und Erscheinungen beschrieben, die große Ähnlichkeit mit den vor Dezennien von BOUCHARD, METSCHNIKOFF, ALBU und anderen dargestellten intestinalen Autointoxikationen haben; möglich, daß gerade pathologische Dünndarmprozesse zur Resorption mangelhaft vorbereiteter, nicht zur Endverdauung gelangter stickstoffhaltiger Nahrungsmittel führen und toxisch wirkende Basen ins Blut eintreten. SCHADE hatte zuerst aufmerksam gemacht, daß gequollene Schleimhäute, wie sie durch Entzündung entstehen, viel geeigneter für die Resorption sind als normale. Grob charakterisiert, läßt sich die Dünndarmstörung von der Kolonaffektion dadurch unterscheiden, daß bei der ersteren meist reichlich Muskelfasern und unverdaute Amylazeen im Stuhle erscheinen, welch erstere noch mit Gallepigment gefärbt erscheinen. Normalerweise wird das Bilirubin im unteren Dünndarmabschnitte und im Anfange des Kolon in Urobilin, bzw. dessen Chromogen, Urobilinogen verwandelt. Dieser Umwandlungsprozeß bedarf aber eines gewissen Zeitraumes zu seiner Vollendung. Finden wir aber Bilirubin in den Fäzes (am besten mit der ADOLF

SCHMIDTschen Sublimatprobe), so zeigt dieser Befund uns an, daß die Verweildauer der Ingesta im oberen Darmabschnitte eine kürzere war, die Motilität eine beschleunigte gewesen sein muß. Als Zeichen eines entzündlichen Prozesses im Verdauungsrohr betrachten wir den makroskopisch nachweisbaren Schleim. Gleichviel, ob rein oder mit Blut und Eiter gemischt, immer signalisiert uns frei sichtbarer Schleim das Vorhandensein einer organischen Veränderung der Darmschleimhaut.

Ein glasiger, den Fäzes oberflächlich anhaftender Schleim in oft trockenen glänzenden Schüppchen stammt aus den unteren Darmpartien, innige Mischung mit der Fäkalmasse kann aus allen Darmteilen stammen. Wichtig für jede Darmdiagnostik ist die Reaktion des Stuhles. Stark saure, gärende Stühle stammen meist aus dem Dünndarme, alkalische, faulig riechende zumeist, aber natürlich nicht immer, aus dem Dickdarme. Der von ADOLF SCHMIDT beschriebenen Gärungsdyspepsie liegen Magen- und Dünndarmstörungen zugrunde. Oft genügt hier die Ausschaltung von Kohlehydraten aus der Nahrung, um die Beschwerden ziemlich rasch zu beseitigen. Manchmal liegen die Dinge so, wie bei der Achylie, sowohl der primären als wie den durch Cholezystopathie oder nach Gallenblasenexstirpationen auftretenden, durch Achylie bedingten Diarrhöen, daß sich ein echter Katarrh an die erst rein funktionelle Störung angeschlossen hat.

Bei den durch Dünndarmaffektionen hervorgerufenen Diarrhöen ist aber niemals der stark nervösen Komponente zu vergessen, welche diese Zustände zu begleiten pflegt. Die Anwesenheit von Schleim in den Fäzes beweist zwar, daß anatomische Veränderungen innerhalb des Darmrohres vorhanden sind, die Abwesenheit desselben ist aber gerade bei den Dünndarmaffektionen noch nicht dafür beweisend, daß nur funktionelle Abweichungen das Krankheitsbild beherrschen, weil der in den höhergelegenen Darmpartien abgesonderte Schleim im Dickdarme wieder der Verdauung und Resorption anheimgefallen sein kann und auch durch Fäulnis verschwinden konnte. *Die Schwierigkeit in der Unterscheidung organischer und funktioneller Krankheitsform besteht in der Eigentümlichkeit des Magen-Darmrohres, im Anschlusse und bei längerer Dauer von entzündlichen Prozessen eine Überempfindlichkeit und Reizsamkeit des ganzen Systems zu äußern, so daß organisch bedingte Diarrhöen und Verstopfungen mit nervösen, funktionellen abwechseln können.* Ungeklärt ist es allerdings noch, warum in dem einen Falle von Salzsäuremangel Gärungsdyspepsie oder Fäulnisdyspepsie (Eiweißfäulnis) auftritt und im anderen Falle nicht. Die HCl sprengt die Zwischenwände der Zerealienzellen und Gemüsezellen und macht die in diesen enthaltene Stärke frei und führt sie leicht der Lösung zu. Es wird uns damit die gute Wirkung der Salzsäure (Muripsin, Azidolpepsin) unter Entzug von Kohlehydraten bei der Gärungsdyspepsie verständlich, möglich ist aber auch, daß nur die Verlangsamung der Magen- und Dünndarmbewegungen nach Salzsäuregaben eine bessere Aufschließung der stärkeführenden Nahrungsmittel gestattet. Nicht immer muß die Achylie mit Steigerung der Magen- und Dünndarmmotilität einhergehen.

Hier wäre auch der schon im vorigen Abschnitte erwähnten libidogenen Darmdyspepsien, Durchfällen zu gedenken, die so häufig bei Sexualneurotikern plötzlich explosivartig auftreten und ohne Medikation wieder verschwinden.

Bei den Dünndarmstörungen, welche mit Subazidität des Magensaftes einhergehen, beginnen wir die Karlsbader Mineralwasserkur mit mittleren Mengen. Wir lassen früh nüchtern 200 g 50° C ziemlich rasch ($2^1/_2$—3 Minuten) trinken und nach 20 Minuten dasselbe wiederholen. Bleibt der Stuhl dünnflüssig, steigen wir rasch mit der Temperatur auf 65—70° C und verringern die Einzeldose auf 150 bzw. 100 g. Vor dem Mittagessen werden noch 100 g möglichst rasch und heiß getrunken. Durch eine Stunde lassen wir täglich heiße Kataplasmen auf den Leib applizieren. Nach einer Woche kann man auch nachmittags kleine Mengen (100 g), aber immer heiß (60° C), trinken lassen. In der Kost vermeiden wir bei jeder Form von organischen Veränderungen des Darmrohres alles, was geeignet sein könnte, durch seine Form und Konsistenz mechanische Schädlichkeiten hervorzurufen, verbieten also unter allen Umständen rohes Obst, Westfäler Schinken und englische Braten. Kohlehydrate gestatten wir bei Dünndarmaffektionen nur dann in größerer Menge, wenn keine Gärungen oder Koliken auftreten; aber auch dann reichen wir dieselben nur in feinverteilter Form. Milch wird als 3 Tage alter Kefir oft ausgezeichnet vertragen und ist dann manchmal direktes Stopfmittel. Frische Milch wirkt schädlich; wir empfehlen sie als Abkochung mit Kakao, besonders Eichelkakao. Kompotte werden ebenfalls am besten vermieden, nur durchgesiebtes Heidelbeermus ist wegen seines Gehaltes an Gerbsäure oft nützlich. Süße Mehlspeisen sind, gleichwie Bier oder Weißwein, unbedingt zu verbieten; kleine Mengen gut abgelagerten

Rotweines zu empfehlen. Von Gemüse werden nur gesiebte Pürees von Karotten, wenig Kartoffeln, aber kein Spinat, der oft abführend wirkt, erlaubt. Fleischspeisen vom Rind und Kalb, Kühen und Tauben müssen gut durchgebraten oder weichgekocht sein; Hammel-, Gans- und Entenbraten sind nicht gestattet.

Sehr wichtig ist natürlich auch die allgemeine Nervenbehandlung, womöglich mit Umgehung der Hydrotherapie, weil Darmkatarrhe und die an diese sich anschließenden Darmneurosen auf kühle Hautreize lange Zeit ungünstig reagieren. Gutes sah ich von vorsichtig angewandten Luftbädern in der Dauer von 2—3 Minuten, am besten im Anschlusse an das Mittagsbrot in einem nach Süden gelegenen Zimmer, nachdem man die Türen geschlossen und die Fenster weit geöffnet hat. Das übliche Tragen einer Leibbinde soll man möglichst bald wieder abstellen, weil sich die Kranken an dieselbe so sehr gewöhnen, daß die normale Wärmeregulation durch die Hautnerven immer ungeübter wird und damit die natürlichen Schutzmaßregeln gegen lokale Erkältung immer mehr und mehr versagen.

Die Colitis.

Anders gestalten sich unsere Vorschriften und balneotherapeutischen Maßnahmen, wenn die katarrhalische Veränderung ausschließlich das Kolon einnimmt. Durch die verbesserte Technik der Rektoromanoskopie ließen sich unsere Auffassungen und Kenntnisse der früher schlechtweg als Dickdarmkatarrhe bezeichneten klinischen Symptome wesentlich erweitern und die Diagnose der Veränderungen im untersten Gebiete des Darmschlauches in vielen Fällen präzise gestalten. Die direkte Besichtigung des Mastdarmes und der unteren Partien der Sigmaschlinge ermöglichte uns oft, dort Geschwüre nachzuweisen, wo früher einfach katarrhalische Prozesse vermutet worden waren, womit zugleich unserem therapeutischen Handeln der richtige Weg gewiesen war. Allerdings, die großen Hoffnungen, die man an die lokale Behandlung der geschwürigen Prozesse der unteren Darmabschnitte unter Zuhilfenahme des Rektoskopes setzte, rechtfertigten sich nicht ganz, aber wir wurden durch die Rektoromanoskopie angeleitet, die früher wahllos gemachten Ausspülungen in ein gewisses System zu bringen. Gleichviel, ob die Ulzerationen auf sterkoralen Druckdekubitus, auf katarrhalische Substanzverluste oder alte dysenterische Residuen zurückzuführen sind, werden wir durch die vorsichtige Entfernung des exquisit fäulnisfähigen Schleimes und Eitermateriales durch Ausspülungen mit $1^1/_2$—2 l 40^0 C warmem Mühlbrunn unter gelindem Drucke eine günstige Basis für die Heilung schaffen. Große Vorsicht ist bei der Anwendung des Enterocleaners zu üben. Statt des üblichen Kamillentees ist natürlich das Karlsbader Wasser viel heilkräftiger, es ist aber wohl in der Ferne ein zu teures Medikament. Wie ich durch Erfahrung weiß, ist es teilweise zu ersetzen, indem man in 1 l Wasser 5 g Karlsbader Sprudelsalz zur Auflösung bringt. Die schleimlösende Wirkung im Vereine mit dem sedativen Einflusse der Wärme *machen das Karlsbader Mineralwasser gerade zur lokalen Behandlung der entzündlichen Enddarmprozesse in weitestem Maße geeignet.* Es ist selbstredend, daß luetische, gonorrhöische und tuberkulöse Ulzera auf eine Mineralwasserbehandlung wenig reagieren können und von dieser lieber ausgeschlossen bleiben. Bei der chronischen Proktitis und Sigmoiditis, die so häufig im Gefolge der chronischen Obstipation und Hämorrhoiden vorkommt, eignen sich weniger die Massenspülungen, als kleine Bleiklistiere von nicht mehr als 75 bis höchstens 150 cm^3, möglichst über 60^0 C heiß, unter gleichzeitiger Applikation von heißen Kataplasmen auf den Leib, die während der ganzen Nacht gehalten werden. Der Einlauf erfolgt in rechter Seitenlage; die Haut um den Anus wird durch Vaseline vor dem heißen Wasser geschützt; die Schleimhaut ist gegen heißes Wasser viel weniger empfindlich als die Haut. Wir lassen den Patienten außerdem früh 2—3mal in Intervallen von 20—25 Minuten je 100 g 65^0 C heißen Mühlbrunnen möglichst rasch ($1^1/_2$—2 Minuten) trinken und noch im Laufe des Nachmittags, frühestens 4 Stunden nach der Hauptmahlzeit, abermals 100 g der gleichen Temperatur trinken. Bei reichlich flüssigen Entleerungen beginnen wir mit der Einzeldosis von 75 g, die nur zweimal des Morgens zu nehmen ist im Intervall von 25 Minuten. In der Kost vermeide man sehr schlackenreiche Nahrung wie beim Dünndarmkatarrh, gewähre aber den Kohlehydraten einen weiten Spielraum in Form der Breie (Grieß, Reis, Tapioka); auch Fruchtsäfte und Honig sind erlaubt und bei Neigung zur Obstipation direkt geboten. Ist die Verstopfung sehr ausgesprochen, müssen wir mit der Temperatur des Mineralwassers herabgehen, und man kann schließlich gezwungen sein, das Mineralwasser mit 45^0 C zu verordnen. Bei völligem Freisein der oberen Darmabschnitte von katarrhalischen Erscheinungen kann man die einzelne Dose durch Zusatz von $2^1/_2$ g Karlsbader Salz ekkoprotisch wirksamer machen.

Viel schwieriger gestaltet sich die Therapie der in den höher gelegenen Teilen des Dickdarmes sich abspielenden Kolitis. Der oft unvermittelte Wechsel zwischen Verstopfung und Durchfall zwingt uns, nur überaus vorsichtig tastend die Auswahl der Kost zu treffen und die Verordnung des Mineralwassers immer häufiger zu ändern, je nachdem die Umstände erfordern, dem Darm Impulse zu geben oder sedativ vorzugehen. Meist kommt man mit häufigen fraktionierten Dosen heißen Wassers zu Streich; 75—100 g 65° C Mühlbrunnen werden auf nüchternen Magen gereicht. Man läßt 25—30 Minuten vergehen, bevor das gleiche Quantum von derselben Temperatur genommen wird. Ist Verstopfung vorhanden, erhöhen wir erst die Dose auf 150 bis 200 g, lassen dann eventuell einen dritten Becher trinken und verkürzen die Intervalle bis 5 Minuten. Kommt man hiermit nicht zum Ziele, kann man nachmittags die gleichen Quanten trinken lassen. Sonst läßt man am Nachmittag nicht mehr als 100 g nehmen. Setzt eine stärkere Diarrhöe ein, so soll man nicht brüsk wieder zu den kleinen Dosen zurückkehren, weil sonst die schädliche Obstipation einsetzt, bei welcher durch das Liegenbleiben harter sterkoraler Massen der Darm wieder gereizt wird. Der Übergang von der großen Dosis zu kleinen Mengen heißen Wassers geschehe langsam, auch wenn der Durchfall noch 2 Tage anhält. Diese Trinkkur, die sich je nach dem vorstechendsten Symptom zu richten hat, wird recht gut kombiniert mit Spülungen des Darmes. Ich lasse die Eingießungen in der großen Mehrzahl der Fälle mit 1 bis höchstens $1^1/_2$ l von womöglich 55° C heißem Mühlbrunn aus höchstens 1 m Höhe machen, weise den Patienten an, durch zwei Minuten die Knie-Ellbogen-Lage, dann die rechte Seitenlage einzunehmen. Oft kann man dann, besonders bei schlaffen Bauchdecken im Zökum Plätschern nachweisen, das vorher nicht bestand, ein Beweis, daß auch bei niedrigem Druck und relativ kleinen Mengen das Wasser sehr weit nach oben dringen kann. Ich erblicke den Vorteil der Eingießungen unter niedrigem Druck nicht nur darin, daß der Patient dieselben sich selbst machen kann, sondern auch in dem Umstande, daß die Füllung des Darmes viel langsamer und allmählich vor sich geht, die Dehnung des entzündlich veränderten, durch das chronische Ödem der Muskularis auch weniger elastisch gewordenen Darmrohres unter geringerer Irritation vor sich gehen kann. Der Einlauf soll nicht kürzer als 20 Minuten behalten werden. Man ist dann auch oft überrascht zu sehen, wieviel Wasser zur Resorption gelangt war. Bei sehr reizbaren Individuen wendet man besser die oben erwähnten kleinen Bleibeklistiere an. 100—150 cm^3, nicht unter 60° C, am besten abends, unter gleichzeitiger Applikation von heißen Kataplasmen oder Thermophor. Bei der chronischen schweren Kolitis muß man oft Massenspülungen machen, indem man 1 Liter 6—8mal hintereinander einlaufen und sofort wieder ablaufen läßt, unter einem Druck von höchstens 1 m Höhe. Es genügt, 5 g Salz in je 1 Liter Wasser aufzulösen, um ähnlich gute Erfolge zu haben wie mit dem für diese Zwecke zu teuren natürlichen Mineralwasser. Auch hier soll das Spülwasser möglichst heiß (45° R) sein und der letzte halbe Liter kann als Bleibeklysma tunlichst lange retiniert werden. In der Wahl der Kost gelten ähnliche Prinzipien wie bei der Diätotherapie der chronischen Proktitis: Vermeidung zu schlackenreicher Nahrung, kalter Getränke usw. Bei stark alkalischer Gärung und Fäulnisprozessen gebe man reichlich Kohlehydrate in Form der teilweise aufgeschlossenen Mehle, z. B. Kufeke; Milch und Milchpräparate werden weniger gut vertragen; dagegen ist Kakao in Form des Eichelkakaos, Haferkakao, von großem Vorteil. Ebenso ist die Butter, oft auch Öl, bei den chronisch entzündlichen Prozessen des Dickdarmes ein wertvolles, für den lokalen Prozeß unschädliches Nahrungsmittel, wenn nicht ranziger Geruch der Fäzes auf starke bakterielle Fettzersetzung hinweist.

Eine besondere Berücksichtigung verdient die chronische Typhlitis und Perityphlitis. Von der letzteren können wir aber ganz absehen, weil dank der fortschreitenden chirurgischen Technik und klinischen Kenntnis des ganzen Krankheitsbildes die Erkrankungen der Appendix vollkommen in die Domäne des Chirurgen fallen. *Dagegen ist die vorzüglich im Typhlon lokalisierte Kolitis noch heute ein sehr dankbares Gebiet der Karlsbader Mineralwasserbehandlung.* Wir wenden hier gerne mitteltemperiertes Wasser an, lassen des Morgens nüchtern, in nicht zu langen Intervallen (10—15 Minuten), 3—4mal je 200 g 50° C warmen Mühlbrunnen trinken. In den ersten Becher pflegen wir noch 3—5 g Karlsbader Salz zu mengen. An Stelle des letzteren wende ich auch sehr gerne das Karlsbader Brausepulver an,[1] welches in etwas ausgiebigerem Maße die Stuhlentleerung herbeiführt. Die Anstauung der harten Stuhlmassen im Zökum zu verhindern und damit die häufigste Ursache der chronischen Typhlitis und des Typhlon mobile zu beseitigen, ist

[1]) Karlsbader Sprudelsalz + Acid. tartaricum.

eine der Hauptaufgaben unserer Behandlung der hochsitzenden Kolitis.

Innig im Zusammenhang mit der Therapie der chronischen Kolitis steht die Behandlung der Enteritis membranacea. Wenngleich man nunmehr der Ansicht zuneigt, daß die Enteritis membranacea gewissermaßen nur den zweiten Akt der Colica mucosa darstellt, für welche die Prinzipien der Dickdarmtherapie zu gelten haben, so ist es doch keine Frage, daß es gerade neurotische Personen sind, oder mindestens solche, deren Nervensystem eine gewisse Labilität zeigt, bei denen sich eine Enteritis membranacea etabliert. Die Ansicht, die ADOLF SCHMIDT über die Genese des Asthma bronchiale hat, läßt sich ungezwungen auf die Enteritis membranacea übertragen und dieselbe als einen nervösen Katarrh bezeichnen. Denn für das Vorhandensein wirklicher organischer Veränderungen bürgt nicht nur der Schleim, sondern auch das Auftreten eosinophiler Zellen bei beiden Affektionen, die uns immer *beginnende* inflammatorische Reizzustände, z. B. selbst beim Auftreten der Brandblasen anzeigen. Da auch starke, heftige Irritationen im Gebiete des Sympathikus und Parasympathikus, selbst weitab vom Darme (z. B. Nierensteine), die Entleerung bandartiger Fetzen zur Folge haben kann, haben wir genügende Anhaltspunkte, dieselben als Produkte einer echten Sekretionsneurose aufzufassen. Inwieweit hier auch allergische Zustände mitsprechen, gegen endogen gebildete oder nutritiven Ursprungs, läßt sich zur Zeit noch nicht übersehen. Daß sie aber besonders bei den von Urtikaria begleiteten, mit Fieber einhergehenden Darmstörungen eine Rolle spielen, ist wohl außer Zweifel. *Bandartige Gebilde habe ich oft auch im Anschlusse an echte Gallensteinkoliken beobachten können.* Sie gehen dem Steinabgang voraus und können ihm noch lange Zeit folgen. Auch bei *Nierenkoliken gehen röhrenförmige Gebilde* nicht nur mit dem Harne, sondern *mitunter auch mit den Fäzes* ab und können damit Zweifel an der Diagnose Nierenstein erwecken, bis das Abgehen des Harnkonkrementes die Diagnose bestätigt, wie ich wiederholt gesehen habe. Endlich ist auch die kausale Bedeutung der chronischen Obstipation für das Auftreten einer Enteritis membranacea nicht zu vergessen. Chronisch entzündliche Veränderung am Uterus und seiner Adnexe, Entzündungen der Prostata und ihrer Anhänge, endlich durch sexuellen Abusus entstandene Hyperämien und Reizzustände im Gebiete der Sexualorgane führen, wie ich an anderen Orten ausgeführt habe, zu einer reflektorischen spastischen Obstipation, und diese Form der Verstopfung ist es, welche wir bei der Enteritis membranacea meistens ausgebildet finden. Wir müssen deshalb unsere Therapie bei dieser komplizierten Erkrankungsform nach den verschiedensten Richtungen entwickeln.

Nach meiner Erfahrung sind die heißen Karlsbader Thermen, welche in kleinen Dosen stopfend wirken, in großen (800 g) abführende Tendenz haben, im allgemeinen bei der spastischen Form der chronischen Obstipation, ganz besonders aber bei den der Enteritis membranacea zugrunde liegenden Spasmen des Darmes von ganz vorzüglicher Wirkung. So lasse man des Morgens in nur 5 Minuten dauernden Intervallen 4mal je 200 g 65—70° C heißen Mühlbrunnen trinken, im Laufe des Nachmittags wiederum 2mal je 200 g, und immer ziemlich rasch; eine Stunde im Tage werden heiße Kataplasmen auf den Leib appliziert. Man soll dieses Verfahren mindestens 4—5 Wochen üben und lasse sich nicht abschrecken, auch wenn, besonders in den ersten Tagen, die Beschwerden anscheinend gesteigert würden. Bei nächtlichen Koliken sind kleine Bleibeklysmen (100—150 g 60° C heiß) von sehr günstigem Einfluß. Bei entzündlichen Affektionen des Genitaltraktes tritt die spezialistische Behandlung gleichzeitig in ihr Recht. Für die in Karlsbad so segensreich wirkenden Moorbäder kann zu Hause in heißen Sitzbädern, denen man MATTONIS Moorsalz zugibt, ein gewisser Ersatz geboten werden. Auch die nervösen Irritationen innerhalb der männlichen Genitalsphäre bedürfen einer gleichzeitigen lokalen Behandlung, und ich habe besonders nach Anwendung der WINTERNITZschen Kühlsonde sehr gute Wirkung auf das Gesamtnervensystem gesehen. Nicht leicht ist die Frage der Kost zu regeln. Eine Zeitlang wurde den Kranken auf v. NOORDENs Empfehlung grobe, schlackenreiche Kost gestattet. Meine Erfahrungen waren recht trübe und ich bin zu jener Kostform zurückgekehrt, welche den entzündlichen Prozessen im Darme adäquat ist: d. h. Vermeidung schlackenreicher Kost im Prinzipe, wie rohes Obst und zellulosereiche Brotsorten. Dagegen empfehle ich in reichlichem Ausmaße feinverteilte Gemüse, Butter, gut durchgebratene oder gekochte Fleischgerichte; ferner Hirn, Bries, ungesüßtes (bzw. mit Saccharin gesüßtes) Apfel- und Pfirsichmus. Süße Speisen sind, insbesondere bei Patienten mit Neigung zu Meteorismus und Flatulenz, zu untersagen; denn nur zu oft ist, wie auch SCHMIDT hervorhob und SCHWARZ betonte, *die Flatulenz die primäre Ursache und nicht die Folge der Obstipation*, welche dann immer spastischen Charakter hat. Die in reichlicher Menge entstehenden Gase und flüchtigen Säuren reizen den Darm zu krampfhaften Kontraktionen, welche schmerzhafte Koliken und Obstipation bedingen.

Im Anhange wäre auch noch der Sprue zu gedenken, von der ich in den letzten Jahren immer mehr Fälle zu sehen Gelegenheit habe. Klinisch litten sie unter den Erscheinungen einer Kolitis insofern, als Obstipation mit Diarrhöen abwechselten, aber ohne irgendwelchen katarrhalischen Befund in den Fäzes zu zeigen. Auch nicht in einem Falle war Schleim in größerer Menge vorhanden. Zwei Fälle fielen durch enorme hyperchrome Anämie bis 2,250.000 rote Blutkörperchen und allgemeine Mattigkeit auf; einer bot die typischen Zeichen der Glossitis Hunter. Die Karlsbader Kur hat ganz ausgezeichnete Resultate gehabt, natürlich unter Kombination von Campoloninjektionen und internen großen Gaben von Hepamult. Angeregt durch diese Beobachtung habe ich auch in einem Falle hochgradiger Abmagerung infolge Kolitis mit Lebertherapie einen sehr guten Erfolg beobachten können. In der Hauskur habe ich noch keine Erfahrung, glaube aber, daß die oben dargelegten Prinzipien der Kolitisbehandlung Günstiges bewirken könnten.

Die akute Cholangie (Ikterus catarrhalis).

Obwohl weder die pathologische Anatomie noch die klinische Pathologie der akuten Hepatitis, des sogenannten Ikterus catarrhalis, bis heute genügend geklärt ist, kann man immer noch von einem wohlabgerundeten klinischen Bild sprechen: Akuter Beginn, für welchen meistens eine Indigestion beschuldigt wird, Erbrechen, Durchfälle, Fieber, Auftreten eines Ikterus, acholischer Stuhl bei gleichzeitiger Anwesenheit von Galle im Duodenalsaft, starker Pruritus, Leber-, oft Milzschwellung. Das reichlich vorhandene Bilirubin macht dem Urobilin und dem Urobilinogen Platz. Das Ganze spielt sich zwischen zwei und sechs Wochen ab. Ob zu diesen Formen auch der Salvarsanikterus gerechnet werden kann, bleibt offen. Man stellte sich die zweifellos günstige Wirkung der Karlsbader Trinkkur im Sinne einer Verdünnung des spezifischen Lebersekretes vor, durch welche die Galle in reichlicher Menge abgesondert werde und durch ihre geringere Konsistenz leichter die Gallenwege ausschwemmen könne, auch wenn dieselben durch katarrhalische Schwellungen und Exsudate oder Steinchen in ihrem Lumen verengt sind.

Die vielumstrittene Frage, ob das Mineralwasser eine choleretische Wirkung hat, scheint nach den neueren Ergebnissen experimenteller und klinischer Untersuchungen in bejahendem Sinne beantwortet zu sein. HANS SIMON sowie NONNENBRUCH und MAHLER haben in befriedigender Übereinstimmung mit den tierexperimentellen Ergebnissen von STRANSKY und STEINMETZER in klinischen Untersuchungen an Fistelfällen und mittels Duodenalsondierung eine langsam einsetzende, lang andauernde beträchtliche Vermehrung der Gallenproduktion nach Einverleibung des Karlsbader Mineralwassers beobachten können. Die Galle wird hierbei nicht ärmer an festen Bestandteilen, es handelt sich demnach um eine *echte Steigerung der Gallenbildung* durch die Leberzellen. Diese choleretische Wirkung ist anderer Art als eine durch Decholin oder andere choleretische Substanzen erzeugte, sie ist charakterisiert durch eine längere Latenzzeit, steigt nur langsam an und verbleibt auf der Höhe der Wirkung längere Zeit, um dann noch langsamer wieder abzufallen. Alle mit anderen Mitteln als Karlsbader Wasser erzeugten choleretischen Effekte sind mehr eruptiver Art und von wesentlich kürzerer Dauer. Es kann daher angenommen werden, daß die abführenden Gallenwege durch längere Zeit kräftig durchspült werden. Im Gegensatz zu der choleretischen Wirkung hat aber das Karlsbader Mineralwasser nur eine sehr geringe cholagoge Wirkung, wie röntgenologische Untersuchungen von HIRSCHBERG und SOSTHEIM sowie von EMIL UNGAR gelehrt haben. Die ideale therapeutische Forderung einer Cholerese ohne wesentliche Motilitätssteigerung im Gallensystem scheint somit bei der Medikation mit dem Karlsbader Wasser erfüllt zu sein. Die Heilwirkung des Karlsbader Mineralwassers bei Leber- und Gallenaffektionen muß aber keineswegs ausschließlich in einem fördernden Einflusse auf die Gallenbildung gesucht werden. Diese erscheint uns als ein Index für die Steigerung *aller* Leberfunktionen, besonders auch ihrer exkretorischen, entgiftenden. Die eingehenden Untersuchungen NONNENBRUCHS und MAHLERS an Patienten mit operativen Choledochusfisteln haben ebenso wie die experimentellen Studien von STRANSKY an Kaninchen gezeigt, daß die wichtigsten exkretorischen Funktionen der Leber bei gleichzeitig vermehrtem Gallenvolumen gesteigert sind, und daß auch Änderungen in der mineralischen Zusammensetzung der Lebergalle zu beobachten sind.

Wenn sich die im Darme aufgesaugten Bestandteile des Mineralwassers auch dem Nachweis entziehen, wohin dieselben jenseits der Darmwand gelangt sind, so kann man doch auch annehmen, daß sie auf ihrem Wege von der Resorptionsstelle bis zum Ausscheidungsorte irgendwo eine Wirkung entfalten können. In erster Linie ist hier an die allgemein antikatarrhalische Wirkung zu erinnern; Kranke, die wegen irgendeiner Stoffwechselkrankheit, Diabetes, Gicht usw., die Karlsbader Mineralwasserkur gebrauchen und zugleich an Affektionen der Bronchien und des Pharynx leiden, geben oft genug an, daß sich auch diese Beschwerden unter dem Kurgebrauche verringerten. Da das Mineralwasser bei diesen nur auf dem Wege der Blutbahn seine Heilwirkung entfalten kann, ist die Annahme wohl berechtigt, daß auch bei den verschiedenen entzündlichen Prozessen im Bereiche des Gallensystems diese allgemeine antikatarrhalische Wirkung vom Blut aus zur Geltung kommen kann. Dies gilt nicht zum geringen Teile auch für die Therapie des sogenannten katarrhalischen Ikterus. Eine rein lokale Einwirkung des Mineralwassers ist kaum anzunehmen, weil der sagenhafte Schleimpfropf, der bei Ikterus catarrhalis die Mündungsstelle des Ductus choledochus im Duodenum verstopfen solle und damit ein mechanisches Hindernis für den Gallenfluß abgeben könnte, bislang nie gesehen wurde und, selbst wenn er vorhanden wäre, keine genügende Erklärung für den Symptomenkomplex der akuten Cholangie geben könnte. Die Schwierigkeit zu einer richtigen Auffassung des klinischen Krankheitsbildes des katarrhalischen Ikterus liegt darin, daß derselbe meist vollkommen gutartig verläuft und wir niemals Gelegenheit finden, die Richtigkeit unserer Auffassung des Zustandes durch eine Autopsie zu bestätigen. Ein von EPPINGER mitgeteiltes Sektionsergebnis eines Falles von Ikterus catarrhalis dürfte unseren Ansichten über diesen Symptomenkomplex vielleicht eine andere Richtung geben. Dieser Autor fand nämlich neben allgemeiner mechanischer Gallenstauung auch eine Infiltration und Schwellung des lymphadenoiden Gewebes in der Wand des Ductus choledochus. Man ist nach dieser Angabe sehr leicht geneigt, im *Ikterus catarrhalis manchmal nichts anderes als eine Angina des Ductus choledochus* zu sehen, wie ähnliche Ansichten auch bezüglich der Appendizitis ausgesprochen wurden, welche nach Ansicht mancher Chirurgen gewissermaßen eine Angina der Appendix wäre. Jedenfalls ist die Infektion auch der kleinsten Gallenwege von der Blutbahn aus möglich. Das häufige Auftreten der Blinddarmentzündung im Anschlusse an eine Rachenangina macht unsere Annahme leicht plausibel, ebenso wie das Auftreten gehäufter familiärer, oft mit Fieber einhergehender Fälle von Ikterus catarrhalis ebenso für Infektion aus der Blutbahn als für eine vom Duodenum aufsteigende Cholangie ex ingestis zu werten ist. Weitere Einblicke in die Physiopathologie akuter Leberstörungen hat ebenfalls HANS EPPINGER und seine Schule an Experimentalstudien mit Allylformiat erschlossen. Ausgedehnte Ödeme im Gallenblasenbett und dessen Nachbarschaft, die im Sinne RÖSSLEs als seröse Entzündung gedeutet werden, zeigten Experiment und klinische Beobachtung in schöner Übereinstimmung. Durch beide wird uns der Ikterus ex ingestis leicht begreifbar, besonders nach Genuß denaturierter Fette, und die altbekannte „Schwerverdaulichkeit" gerösteter Fette und wiederaufgewärmter fettreicher Speisen eher verständlich. Im Zusammenhange mit den Beobachtungen UMBERS verbinden wir heute mit dem Begriffe des Ikterus catarrhalis nicht mehr die Vorstellungen katarrhalischer Zustände an den Schleimhäuten der Gallenwege allein, sondern die Auffassung einer akuten Cholangie und Cholangiolitis, eine Infektion der Gallenwege. Mitunter greift dieselbe auf das Parenchym über als initial vorübergehendes oder sich weiter entwickelndes Stadium der akuten gelben Leberatrophie, weshalb auch die Prognose bei jedem sogenannten Ikterus in den ersten Wochen nur mit großer Vorsicht zu stellen ist. Wiederholt sah ich die akute Cholangie bei Menschen, die lange Jahre früher schon an Leberschwellung litten. Diese ist also oft nicht die Folge, sondern ein prädisponierendes Moment für die Cholangie.

Im Beginne eines katarrhalischen Ikterus ist es nicht ratsam, gleich mit der Karlsbader Kur einzusetzen, welche in allen akuten Krankheiten wenig Nutzen zu bringen vermag und eher noch nachteilig sein kann. *Erst wenn die oft bestehende akute Gastritis, eventuell vorhandenes Fieber, abgeklungen sind,* soll man mit der Mineralwasserbehandlung beginnen. Man tut gut, das Wasser nur mitteltemperiert anzuwenden. Des Morgens nüchtern 200 g Mühlbrunnen auf 50° C erwärmt und nach 20 Minuten die Prozedur wiederholen. Ebenso kann man 200 g derselben Temperatur frühestens 4 Stunden nach der Hauptmahlzeit reichen und abends, unmittelbar vor dem Schlafengehen, 150 g von nur zirka 30° C trinken lassen. Nach einer Woche kann man auf 3mal je 200 g steigen und erhöht gleichzeitig die Temperatur allmählich bis auf 60° C. Zu dem ersten Becher setzt man 5 g Karlsbader Sprudelsalz. Eine gute Unterstützung gewähren kleine Dosen von Rheum. Etwa: Pulv. Rad. Rhei 3,0, Natrii hydrocarb. 2. Mfp. D. S. 1 Messerspitze 3mal täglich nach den Mahlzeiten. Die Kur soll mindesten 5 Wochen dauern; auch wenn der Ikterus bereits geschwunden ist, soll noch etwa 14 Tage in der angedeuteten Weise das Mineralwasser gebraucht werden; auch soll dieselbe Behandlung nach Ablauf von 5 Monaten unbedingt wiederholt werden, schon weil oft lange Zeit eine vor der Erkrankung nicht beachtete Stuhlträgheit zurückbleibt. Ich empfehle auch durch lange Zeit hindurch früh nüchtern 1 Glas Mühlbrunnen (150 g) auf 40° C bis 50° C erwärmt, manchmal unter Zusatz von 5 g Karlsbader Sprudelsalz zu trinken. Man findet in der Anamnese der Gallensteinkrankheit so auffallend häufig die Angabe eines einmal durchgemachten Ikterus catarrhalis, *daß man sich der Annahme kaum entziehen kann, daß demselben auch gewisse disponierende Momente für das spätere Auftreten der Cholelithiasis zukommen;* vielleicht auf der Basis der von EPPINGER beschriebenen Gallenthromben. Schon darum soll man die Beobachtung und Behandlung der Kranken nicht zu zeitig abbrechen.

Einen sehr wertvollen Wink für die Dauer unserer Behandlung gibt uns die Reaktion auf Urobilinogen. Wenn oft schon eine gute Zeit kein Urobilin mehr im Harne nachweisbar ist, gibt uns die so empfindliche Probe mit Dimethylaminobenzaldehyd Aufschluß darüber, ob die Gallenwege dem Sekretionsstrome kein Hindernis mehr bieten und wieder normale Druckverhältnisse im ganzen Gallensysteme vorhanden sind. Die Urobilinogenprobe mit dem EHRLICHschen Aldehydreagens fällt manchesmal nicht rot, sondern grün aus. Die Grünfärbung ist im ikterischen Harn auf die Anwesenheit von Nitriten zurückzuführen, die ihrerseits wieder auf Infektion der Harnwege hindeuten. Ich habe sie oft bei Choledochusverschlüssen gefunden und in ihnen eine Indikation für baldige Operation gesehen. Endlich ist auch noch des von mir sehr oft beobachteten und schon in der ersten Auflage (1912) erwähnten Umstandes zu gedenken, daß dem Ikterus oft Tage vorher das lästige Hautjucken vorangehen kann, und noch geraume Zeit nach dem Abklingen der Hautfärbung bestehen bleiben kann.[1] Ich glaube, daß man diese Erscheinung unschwer als den Ausdruck der von MINKOWSKI als Paracholie bezeichneten Abweichung der normalen Lebersekretion ansehen kann, in der Art, daß die verschiedenen Sekretions- und Exkretionsprodukte der Leber, welche den Juckreiz in der Haut hervorrufen, wegen der durch Entzündung erhöhten Durch-

---

[1]) Identisch mit dem heutigen Begriff Ictère dissocié.

lässigkeit der Leberparenchymzellen an das Lebervenenblut statt in die Gallenwege abgegeben werden oder daß dieselben mit den koloristischen Elementen der Galle zum mindesten nicht gleichzeitig produziert und abgesondert werden müssen. In dieser Auffassung wird man durch die Beobachtung bestärkt, daß es eben zahlreiche Fälle von Ikterus gibt, welche ohne jede Andeutung von Pruritus einhergehen können, bei welchen also die den Juckreiz verursachenden Stoffe entweder gar nicht produziert werden oder den normalen Weg in den Darm finden oder endlich auch durch Abbau innerhalb oder außerhalb der Leber wieder unschädlich gemacht werden. So gibt es Leberaffektionen, die trotz minimalem Ikterus enorme Intoxikationssymptome aufweisen, während manchmal schwerer Ikterus vom Patienten kaum empfunden wird. Die Vergiftungssymptome sind also nicht immer als Cholämie, Gallenvergiftung, zu deuten, sondern oft als Ausdruck der Leberinsuffizienz, durch Ausfall der entgiftenden Funktion der Leberzelle zu erklären. *Nach alledem ergibt sich für uns der Schluß, daß wir bei der akuten Cholangie nicht einen, oft nur supponierten Katarrh des Duodenums im Auge haben dürfen, sondern mit einer weitreichenden Schädigung des ganzen Gallensystems und einer funktionellen Beeinträchtigung der Leber zu rechnen haben und darnach unsere therapeutischen Ratschläge einzurichten haben.* Wir werden unter diesen Voraussetzungen die Karlsbader Kur beim Ikterus catarrhalis länger ausdehnen und öfter wiederholen, als die rein klinischen Symptome verlangen. Man muß aber die längere Dauer einer Karlsbader Mineralwasserbehandlung bei protrahiertem Ikterus noch auf Grund einer weiteren Überlegung fordern müssen. Beim Ikterus kommt noch der eigentümliche Einfluß in Betracht, den die Alkalien auf die Permeabilität der roten Blutkörperchen haben. Die Galle, besonders die Gallensäuren, haben die fatale Eigenschaft, das Blut lackfarben zu machen; sie zerstören die roten Blutkörperchen durch die Entziehung des Blutfarbstoffes, durch Lösung des Hämoglobins vom Stroma. Die Alkalien haben aber, wie wir durch HAMBURGER wissen, eine mächtige schützende Eigenschaft für die roten Blutkörperchen gegenüber den Schädlichkeiten, welche die Anwesenheit von Gallenstoffen im Blute mit sich bringen. Nachdem gerade bei Ikterischen die Ernährung ohnehin schon recht schwierig ist, der Ersatz der durch die Gallenhämolyse zerstörten roten Blutkörperchen sehr erschwert wird, ist gerade bei den längerdauernden Formen des Ikterus die Karlsbader Mineralwasserkur auch in dem Sinne von großem Nutzen, als durch dieselbe die Resistenz der roten Blutkörperchen gegenüber den hämolytischen Stoffen erhöht wird. Endlich wurden wir von EPPINGER dahin unterrichtet, daß die Leberzirrhose oft ein Folgezustand chronisch dyspeptischer Darmzustände ist und in ihrer Anamnese oft ein Ikterus catarrhalis gefunden wird.

Wir werden nach alledem die Kur bei der akuten Cholangie, wenn auch nicht mit den großen Mengen (etwa nur 200—300 g), nicht nur solange üben, als die nicht nur durch die Gallenstauung, sondern auch durch begleitendes entzündliches Ödem hervorgerufene Intumeszenz der Leber andauert, sondern mindestens noch 2—3 Wochen darüber hinaus, wie schon oben betont, wenigstens 5 Wochen. Man wendet auch beim Ikterus catarrhalis, wie bei allen mit Ikterus einhergehenden Leberkrankheiten, gerne heiße Kataplasmen an, welche 1—2 Stunden am Tage auf die Lebergegend appliziert werden. Die Kost sei bei Ikterus catarrhalis absolut reizlos und so gestaltet, daß auch die darniederliegende Peristaltik neue Impulse bekommt. Wir erreichen dies am besten durch die Zufuhr von reichlichen Kohlehydraten, die teilweise aufgeschlossen sind (KUFEKE), Mehlsuppen, Grieß-, Reisspeisen. Bei schwerem Ikterus ist es auch notwendig, Insulin anzuwenden, denn wir wissen, daß die Vitalität der Zelle durch reichliche Anhäufung von Glykogen gehoben wird und die hepatotropen Gifte bei glykogenreicher Leberzelle leichter gebunden und unschädlich gemacht werden können. Da die Neutralfette bei Abschluß der Galle und meist auch gleichzeitig verringerter oder verhinderter Pankreassekretion schwer emulgiert werden können, dürfen nur leicht emulgierbare oder bereits emulgierte Fette erlaubt werden, d. h. frische Butter und wenig Milch. Ein generelles Milchverbot ist nicht begründet, da die Emulsion der Milch direkt resorbierbar ist und ein Teil Steapsin von den BRUNNERschen Drüsen geliefert werden kann. Große Vorsicht ist auch in der Auswahl der Fleischspeisen geboten. Durch die meist auch darniederliegende Pankreasfunktion ist die Aufschließung der Fleischfasern erschwert, es entwickeln sich leicht weitgehende Fäulnisprozesse, die selbst wieder entzündliche Zustände im Verdauungsrohre hervorrufen können. Wir werden deshalb nur zarte Fleischfasern von Taube, Huhn, Kalb, ferner Bries empfehlen und erst nach einiger Zeit gut durchgebratenes Rindfleisch gestatten. Gans und Ente sowie Seefische werden am besten ganz gemieden. Durch Darreichung von Enzypan während der Mahlzeit kann die Ausnützung der Nahrung wesentlich gefördert werden. Gemüse werden nur in feinstverteilter Form als durchgeschlagene Pürees gereicht. Sehr empfehlenswert sind der Karlsbader Wasserzwieback und Albertcakes. Die Mahlzeiten sollen oft und möglichst wenig substantiell erfolgen.

Dieselben Gründe, die für die Anwendung der Karlsbader Kur bei der akuten Cholangie sprechen, gelten auch für die Behandlung der chronischen Cholangie. Hier ist allerdings die Diagnose nicht immer leicht zu stellen. Gewiß kann die chronische Cholangie ähnliche Koliken wie die Gallensteinkrankheiten hervorrufen. Sie kann mit ausgesprochenem Dauerikterus oder anfallsweise auftretendem Ikterus mit oder ohne gleichzeitigen Schüttelfrost einhergehen. Gerade wegen dieser Vielgestaltigkeit ergeben sich sehr häufige Irrtümer in der Erkennung des chronischen Choledochusverschlusses. Der Verschluß des Choledochus durch einen Gallenstein kann vollkommen symptomlos erfolgen, d. h. ohne jeden Schmerzanfall und ohne daß die Anamnese auf irgendeine in früherer Zeit stattgehabte, auf Gallensteinkolik zu deutende Erkrankung hindeutet. Es kann ein kleines Konkrement in den Gallengang eingetreten und erst dort durch Apposition gewachsen sein und schließlich das Lumen ganz erfüllen. Als sicherstes differentialdiagnostisches Moment zwischen Verlegung durch Steine und steinloser Cholangie hat sich mir die EHRLICHsche Aldehydreaktion bewährt. Dieselbe muß bei allen mit zeitweisem Fieber einhergehenden Ikterusfällen täglich angestellt werden und man bemerkt, daß sie manchmal intensiv rot, in einigen Stunden schon abgeklungen und vollständig verschwunden sein kann. Dieser rasche Wechsel in der Urobilinogenausscheidung beweist die Anwesenheit eines unruhigen Choledochussteines. Hier hilft natürlich nur die Operation. Bei der chronischen Cholangie ist die Leber groß und hart, weil sie zirrhotisch verändert ist. Die scharfe Trennung zwischen hypertrophischer HANOTscher und der atrophischen LAENNECschen Zirrhose wird heute nicht mehr aufrechterhalten, weil sehr zahlreiche Übergänge von der einen Form in die andere gesehen wurden; HANOTsche mit Pfortaderstauungen und geschrumpften Lebern, ohne daß diese selbst nach Jahren auftreten müßten; je nachdem eben die interstitiellen Veränderungen mehr um die Gallenkapillaren oder um die Blutgefäße sich entwickeln, überwiegt der Ikterus oder der Aszites. Für eine Karlsbader Kur kommt nur die große Leber ohne Aszites in Betracht, weil letzterer bei Karlsbader Kurgebrauch nur wachsen kann, da das Pfortadersystem in seiner ohnehin schon bestehenden Insuffizienz den gesteigerten Ansprüchen der Flüssigkeitszufuhr nicht mehr gewachsen ist. Dagegen kann man bei den vergrößerten Lebern von der einfachen Hyperämie, der Fettleber, der chronisch-cholangisch veränderten Leber und der hypertrophischen Zirrhose sehr Gutes vom Karlsbader Wasser sehen. Das relativ rasche Zurückgehen von Leberschwellungen bei arterieller Hyperämie und der Fettleber weist darauf hin, daß gerade die Zirkulationsverhältnisse durch unsere Wässer stark beeinflußt werden. Wir beobachten das besonders am relativ schnellen Kleinwerden des Organs sowie dem gesteigerten subjektiven Wohlbefinden. Die Leberschwellungen entwickeln sich besonders bei Leuten, die zu Gicht und Fettleibigkeit neigen, oft schon in sehr jungen Jahren, und diese Kranken sind es, die Karlsbad oft jahrzehntelang ohne Unterbrechung aufsuchen. Diese geschwollenen Lebern zeigen, wie ich wiederholt beobachtet habe, auch eine besondere Neigung zur Entwicklung einer akuten Cholangie. Möglich ist, daß, wie Umber meint, mangelhafte Glykogenfixation die Resistenz der Leberzellen gegenüber dem Infekt herabsetzt oder die Störungen in der Vaskularisation das ausschlaggebende Moment für diese auffallenden Beobachtungen darstellen. Die Leberschwellungen sind oft mit Polyzythämie verbunden, manchmal mit gleichzeitiger Blutdrucksteigerung (Morbus Gaisböck), manchmal mit deutlichem Ikterus und einem erhöhten Bilirubinspiegel, manchmal die Gelbsucht nur in gesteigerter Urobilinogenausscheidung im Harn zeigend. Gerade die letzteren Formen erfahren oft Komplikation mit leichtem Diabetes. Richtunggebend für die Administration des Karlsbader Wassers bei diesen Leberschwellungen (Fettleber, Hyperämie, Hepatitis, chronische Cholangie, beginnende oder entwickelte Zirrhosen) ist der Zustand des Kreislaufs und der Darmfunktion. Sehr erleichtert werden unsere Entschlüsse durch die genaue Beobachtung des Blutdruckes. Die Erfahrungen über den Einfluß der Karlsbader Trinkkur auf den Blutdruck sind noch nicht hinreichend geklärt. Soviel steht aber fest, daß die Kur im allgemeinen die Tendenz hat, den Blutdruck herabzusetzen. Ein hoher Blutdruck wird uns immer das Signal geben, Quantum und Temperatur des zu reichenden Mineralwassers in mäßigen Grenzen zu halten (nicht über 500 g im Tag); hoher Blutdruck an sich stellt keineswegs eine Kontraindikation für eine Karlsbader Kur dar, denn im Gegenteile wird durch die Regelung des Stuhlganges und durch gesteigerte Diurese das Blut von pressorischen Substanzen befreit und Gefäßspannungen werden gemildert. Nicht mehr als 3mal 200 g in $^1/_4$-Stunden-Pausen bei normalem Blutdruck bis 50° C erwärmten Mühlbrunn früh nüchtern, 200 g von etwa 50° C 4 Stunden nach der Hauptmahlzeit sind das rechte Mittelmaß einer Karlsbader Kur. Auch heiße Mooroder Leinsamenumschläge von ungefähr 3 Pfund, vor dem Essen, erweisen sich als nützlich. Heiße Umschläge nach dem Essen sind besonders dann, wenn Neigung zu Herz- und Gefäßstörungen besteht, zu vermeiden, auch immer, wenn der Magen infolge Atonie gebläht erscheint. Ich habe wiederholt den gastro-kardialen Symptomenkomplex (RÖMHELD) gerade nach Applikation heißer Umschläge bei vollem Magen beobachten können. Das diätetische Regime der genannten Leberstörungen hat sich naturgemäß ebenfalls der Darmfunktion und den Herz- und Gefäßzuständen anzupassen. Im allgemeinen ist Reduktion bis zu vollkommenem Verbot von Alkohol, insbesondere des konzentrierten (Schnäpse), zu empfehlen. Verbot auch der Gewürze und, nach neueren Auffassungen, auch wesentliche Einschränkungen des Nikotins, das — wie es KÜLBS betont — in der Leber angereichert wird. Reduktion des Fleischgenusses. Dagegen, wenn keine Kontraindikation von seiten einer gleichzeitig bestehenden Obesitas oder Diabetes besteht, reichlich Kohlehydrate, um die Vitalität der Leberzellen zu steigern. Daneben ist selbstverständlich für regelmäßigen Stuhl durch Kompotte, Obst, eventuell Rheum zu sorgen. Die Bewegung muß je nach dem Gesamtzustande und dem Vorhandensein entzündlicher Erscheinungen sorgfältig geregelt werden. Bei jedem stärkeren Ikterus ist Insulinzufuhr nach den bekannten Kautelen anzustellen, um die Glykogenfixation zu fördern und damit die Leberzelle vor toxischer Schädigung zu schützen.

Cholelithiasis.

Unsere Ansichten über das Zustandekommen dieser Krankheit haben im Laufe der Zeiten wesentliche Veränderungen erfahren. Man muß sehr wohl unterscheiden zwischen den Ursachen, welche überhaupt zur Bildung und Ablagerung von Gallensteinen in der Gallenblase und den Gallengängen führen, und jenen, welche die Gallensteinkoliken auslösen und damit erst das klinische Bild der Gallensteinkrankheit in Erscheinung treten lassen. Denn wir wissen heute, daß ungezählte Tausende von Menschen Gallensteine selbst von nicht unbeträchtlicher Größe beherbergen können, ohne von denselben auch nur in geringstem Maße belästigt zu werden; und umgekehrt sehen wir, insbesondere bei den Gallensteinoperationen, oft ganz geringfügige Konkremente, durch welche die schwersten Krankheitsbilder hervorgerufen wurden. Was zur Gallensteinkolik eigentlich führt, ist uns heute noch völlig unklar. Die alten Karlsbader Ärzte faßten die Kolik als Ausdruck einer Einklemmung des Steines auf, der bei seiner Wanderung aus der Gallenblase in den Darm den engen, schwer dehnbaren Ductus choledochus zu passieren hat und daselbst durch den Widerstand der Wand des Duktus eingeklemmt wird. Sie kamen zu dieser Auffassung durch die Beobachtung, daß speziell in Karlsbad sehr viel Koliken auftraten und im Anschlusse an dieselben zahlreiche Steinabgänge beobachtet wurden. Es war dies insbesondere der Fall in jener Zeit, als man das ideale Ziel der Behandlung des Gallensteinleidens in der Abtreibung der Steine sah, und erklärte das Auftreten der Koliken mit der cholagogen Wirkung der Karlsbader Mineralwässer. Wie schon gelegentlich der Balneotherapie des Ikterus catarrhalis ausgeführt wurde, ist aber eine cholagoge Wirkung des Karlsbader Mineralwassers nach den Beobachtungen BAINS an einer Gallenfistel zwar recht wahrscheinlich, aber nach STRANSKY nur in geringem Grade experimentell erweislich; dagegen ist die gesteigerte Gallenbildung, die echte Cholerese, wie schon oben betont wurde, experimentell und klinisch erwiesen. Warmes Wasser an und für sich wirkt sicher nicht anregend auf die Gallenabsonderung. Eine gute Erklärung für das Zustandekommen der Gallenkolik verdanken wir WILMS. WILMS meinte, daß alle Koliken, welche im Abdomen zur Auslösung kommen, dadurch bedingt werden, daß durch Stauung der Sekrete in den röhrenförmigen Ausführungsgängen und Därmen Spannungen und Zerrungen der Wand und der jeweiligen Aufhängebänder erzeugt werden. Diese Annahme erklärt so ungezwungen das rasche Einsetzen und Vorübergehen der Anfälle und der heftigen Kolikschmerzen, wie dies bei Abknickungen und Wiederaufrichtung der Gallenblase und Darmschlingen usw. leicht möglich wäre. Daß eine Gallensteinkolik mit der Steinwanderung an sich zu tun hat, wenn auch nicht einzig und allein durch diese hervorgerufen sein muß, lehrt die Beobachtung, daß wiederholt eine Reihe ununterbrochener Gallenkoliken durch die Ausstoßung vorher lange unruhig gewesener Konkremente beendigt wird. Diese ganze Suite von Anfällen, welche oft wochenlang dauern kann und häufige Injektionen von Morphium nötig macht, geht aber meist ohne jede Andeutung von Entzündung, ohne Fieber, selbst manchmal ohne jede Druckempfindlichkeit einher. WILMS weist auch mit Recht darauf hin, daß bei lange Jahre andauernder Gallensteinkrankheit die einzelnen Koliken immer weniger schmerzhaft werden, und erklärt dies vorzüglich damit, daß bei alten Leiden die Gallenblase in ein Netz fester Membranen und Adhäsionen eingespannt ist, so daß bei der akut einsetzenden Sekretstauung die Elongation, das Aufstellen und Aufspannen der Gallenblase durch die derbe Umrahmung gehindert ist, die schmerzhafte Zerrung und Dehnung gar nicht möglich wird. Schon RIEDEL faßt die Gallensteinkolik an sich als eine kurzdauernde akute Cholezystitis auf. UMBER betont mit besonderem Nachdruck, daß akute und chronische Cholangie ebenfalls Gallenkoliken vortäuschende Schmerzanfälle aufweisen kann, was ich auch wiederholt beobachtet habe. Auffallend ist, daß zumindest die ersten Anfälle nach Mitternacht sich einzustellen pflegen, was wir ungezwungen auf die allgemein erhöhte Reizbarkeit des Parasympathikus während der Nacht beziehen können. Wir verdanken den ausgezeichneten Untersuchungen von WESTPHAL die Kenntnis von den komplizierten Innervationsverhältnissen der Gallenwege und begreifen leicht, daß die von diesem Autor angenommene Dyskinesie im Gallensystem gerade bei Nacht leichter eintreten kann, weil der parasympathische Gegenspieler des Sympathikus zu dieser Zeit in Reizbereitschaft tritt. Der Sympathikus hat die Funktion, die Gallenblase zum Erschlaffen zu bringen, und gleichzeitig den Sphinkter Oddi in Aktion zu setzen. Wir sehen heute die Gallenblase nicht als ein überflüssiges, etwa rudimentär gewordenes Organ an, wie es vielleicht die Appendix ist; wir wissen heute, daß die Gallenblase die bedeutende physiologische Funktion besitzt, das dünnsezernierte Gallensekret erst zu einer zum Verdauungsgeschäfte wirksamen Galle einzudicken. Der wesentliche Bestandteil der Galle, das Cholesterin, wird durch die Gallensäuren in Lösung gehalten. Bringt man Galle in einen Dialysierschlauch, so wandern die gallensauren Salze aus dem Schlauch in das umgebende Wasser und das früher gelöste Cholesterin fällt kristallinisch aus. Derselbe Vorgang spielt sich auch an der entzündeten Gallenblase ab, wodurch uns die *ursächliche* Bedeutung der Gallenblasenentzündung für das Zustandekommen der Gallensteinkrankheit jetzt viel klarer erscheint.

Naunyn war der erste, der die Bedeutung der Gallenstauung für die Entstehung von Steinen erkannt hat, und er war es auch, der die Wichtigkeit des Infektes, der Entzündung, für die Entstehung der Cholelithiasis verantwortlich macht. Nun hat uns Westphal gezeigt, wie der ungeminderte Gallenabfluß nur durch ein koordiniertes Zusammenspiel der einzelnen Muskelsysteme in Gallenblase und Duodenalwand zustande kommt, wie leicht es dort zu Dissoziation der Aktion kommen kann und damit zur Stauung im ganzen Gallensystem. So können durch die Dyskinesie Gallenstauungen, aber auch echte steinlose Gallenkoliken erzeugt werden. Jedes gestaute Sekret ist ein ausgezeichneter Nährboden für die sowohl aus der Blutbahn als wie dem Darmrohr eingewanderten Mikroorganismen.

Es ist bereits oben erwähnt, daß das Tragen von Gallensteinen noch keineswegs das klinische Bild der Gallensteinkrankheit zur Folge haben muß. Die Entwicklung von Gallensteinen hat an sich mit dem Auftreten von Gallensteinkoliken keineswegs einen klaren Zusammenhang. Die Untersuchung der Struktur und der chemischen Beschaffenheit der verschiedenen in der Gallenblase gefundenen Konkremente hat uns auch bemerkenswerte Aufklärungen über deren Pathogenese gebracht. Man fand bei Autopsien von an Typhus abdominalis Verstorbenen so oft Typhusbazillen in der Galle, bei den Operationen von Gallensteinkranken Infektionserreger in der Gallenblase, so daß man mit Recht in den Mikroorganismen mittelbare Bildner der Steine sehen kann. Naunyn sprach vom sogenannten steinbildenden Katarrh, und lange Zeit beherrschten seine Vorstellungen die Forschung. Erst die gründlichen Untersuchungen von Aschoff und Bacmeister haben unseren Auffassungen teilweise eine andere Richtung gegeben. Sie wiesen auf den prinzipiellen Unterschied des chemischen Aufbaues der experimentell, durch artifizielle Entzündung der Gallenblase entstandenen Steine und den bei der Gallensteinkrankheit zumeist gefundenen Konkrementen hin. Die ersteren bestehen meist aus einer Kalkverbindung des Gallenpigmentes, während die natürlichen Gallensteine größtenteils Cholesterinsteine sind. Die gallensauren Salze werden sehr leicht durch Bakterien zersetzt, und so könnten die Bakterien indirekt zum Ausfallen des Cholesterins beitragen. Wenn man aber das Krankheitsbild von allgemein klinischen Gesichtspunkten betrachtet, nicht nur die individuelle, sondern ganz besonders die auffallend hereditäre Disposition würdigt, so kann man eine immerhin doch nur gelegentliche Infektion der Gallenwege nicht als das alleinig wirkende Moment für die Genese der Cholelithiasis ansehen; das gelegentliche Ausfallen des Cholesterins oder Bilirubinkalkes würde noch nicht eine Steinbildung erklären. Wir wissen schon lange, daß allen im Körper gelegentlich entstehenden Konkrementen eine albuminoide Gerüstsubstanz eigentümlich ist. Es ist das große Verdienst SCHADES, uns die dunklen Vorgänge, welche das gleichzeitige Ausfallen von Salzen und Proteinsubstanz begleiten, etwas aufgehellt zu haben. Er wies auf die schichtenförmige Struktur der Fibringerinnsel hin, die im mikroskopischen Bilde zu erkennen ist, und brachte dieselbe in Analogie mit der eigentümlich zwiebelschalenartigen Struktur der Gallen- und Harnkonkremente. Seine Darlegungen, die sich in der gleichen Richtung mit den Deduktionen von LICHTWITZ bewegen, können am besten die auffallende Ähnlichkeit der Strukturformen der Fibrinniederschläge mit den albuminoiden Gerüstsubstanzen der Konkremente erklären. Die Ursachen der Niederschlagsbildung können ja für die Grundsubstanz wie für die kristallinische Inkrustation dieselben sein. *Das häufige gleichzeitige Auftreten von Gallen- und Nierensteinen bei ein und denselben Individuen oder derselben Familie läßt ungezwungen bei diesen Krankheiten eine Anomalie des gesamten Stoffwechsels oder eine geänderte Blutbeschaffenheit annehmen.* So wie die Thromben in den Blutgefäßen als bedingenden Faktor die Stase, die Wandveränderung und elektrokolloidale Zustandsveränderung der Blutflüssigkeit zur Voraussetzung haben, müßten meiner Meinung nach auch Steinbildungen in den Organen auf ähnliche ätiologische Momente, wie der Thrombus, der Blutstein, zu beziehen sein. Das, was CHARCOT im weitesten Sinne des Wortes Arthritismus nannte, eine gemeinsame Ursache von Veränderungen der Sekretions- und Exkretionsprodukte im Organismus, wird durch die tägliche klinische Erfahrung in seiner Existenz bestätigt und somit könnte die Proteinsubstanz der Harnsteine durch einen ähnlichen Vorgang zum Ausfallen gebracht werden, wie etwa die Eiweißsubstanz der Galle in den Gallensteinen. Fast wäre auch ein Schluß ex juvantibus zu ziehen erlaubt, denn die Therapie, die bislang zumeist bei diesen Anomalien, den Steindiathesen, geübt wurde, ist im Wesen dieselbe: Die Behandlung mit alkalischen Mineralwässern und ganz besonders mit dem Karlsbader Thermalwasser. Wenn wir nach dem Gesagten *sehr scharf unterscheiden müssen zwischen den Ursachen, welche zu einer Steinbildung überhaupt führen, und den Vorgängen, welche das Leiden manifest machen, echte Koliken auslösen,* so darf man fernerhin auch der weitgehenden Folgezustände eines länger bestehenden Gallensteinleidens und Nierensteinleidens nicht vergessen, welche insbesondere durch infizierte traumatische Läsionen des Steinlagers bedingt werden. Abgesehen von den intensiveren, mehr minder eitrigen entzündlichen Vorgängen tritt in der Folge der Cholelithiasis und der durch Dyskinese bedingten steinlosen Stauungsgallenblase immer ein chronisch-katarrhalischer Zustand der Gallenblase und der Gallenwege ein. Wir haben im allgemeinen Teil bereits die vorzüglichen allgemeinen antikatarrhalischen Wirkungen der Karlsbader Thermen betont und werden sie auch hier zu würdigen haben. Die günstige Wirkung der Karlsbader Kur bei der chronischen Gallenkrankheit ist demnach auf seine verschiedenen Qualitäten zurückzuführen; sie läßt sich nicht ohne weiteres als Ausdruck einer gebesserten Cholagogie erklären, vielmehr wirken die verschiedensten Umstände zusammen, welche aus der gewissen Affinität der heißen Mineralwässer für das Stromgebiet der Leber zu erklären sind. Wir dürfen vermuten, daß die gebesserten Zirkulationsverhältnisse in der Leber *durch Änderung des chemischen Gleichgewichtes in der Galle*, insbesondere auch der Viskosität der Galle, die Steinbildung an sich besonders erschweren, zweitens durch leicht erhöhten Gallenfluß kleine Sandkörner zur Ausschwemmung bringen und durch die Durchspülung des Blutes eine etwa bestehende Cholesterinämie reduzieren können. In der Tat kann man oft durch Wochen, während und nach der Karlsbader Kur, echten, schnupftabakähnlichen Gallensand in den Fäzes nachweisen, der wahrscheinlich durch die Wasserkur aus den Gallengängen ausgeschwemmt wurde. Schließlich kommt der antiphlogistische Wert der Mineralwässer auch noch darin zur Geltung, daß sie die entzündlichen Folgezustände, welche das Grundübel durch Beimischung von Eiter und Schleim zu dem spezifischen Lebersekrete immer wieder anfachen und damit einen Circulus vitiosus schaffen, beseitigen helfen. Diese Annahme findet ihre Stütze in den bereits erwähnten Untersuchungen von NONNENBRUCH und MAHLER, welche ein Zurückgehen der entzündlichen Produkte in der Galle nach der Karlsbader Mineralwasserkur beobachtet haben.

Bei der Verordnung der Karlsbader Kur gegen die Gallensteinkrankheit hat man sich, wie bei der Therapie einer jeden anderen Krankheit, keineswegs nur von allgemeinen Gesichtspunkten leiten zu lassen. Wir müssen bei unseren Anweisungen sehr wohl zwischen denjenigen Fällen unterscheiden, welche in Intervallen von vielen Monaten an rasch vorübergehenden, zumeist als Magenkrämpfe gedeuteten Koliken, die gewöhnlich um Mitternacht einsetzen, laborieren, und denjenigen, welche gehäufte und intensive Schmerzanfälle zu allen möglichen Tageszeiten bekommen, ferner solchen, bei denen die Attacken immer auch von Fieber und Schüttelfrösten, den Zeichen einer akuten Infektion der Gallenwege, begleitet sind, und endlich denjenigen, welche andauernd entzündliche, wenn auch fieberlose Reizzustände aufweisen. Diese letzteren äußern sich in anhaltenden Schmerzen in der Gallenblasengegend, ausgesprochenerer Druckempfindlichkeit und heftigem Seitenstechen bei der tiefen Inspiration. Als bedeutsames differentialdiagnostisches Moment hat sich mir folgendes Untersuchungsverfahren bewährt. Wenn der rechte Fuß in gestreckter Stellung möglichst gehoben wird und der Mac Burneysche Punkt palpatorisch gesucht wird, findet man häufig eine Empfindlichkeit der Appendix, die man bei gestrecktem Bein nicht findet. Die Appendix wird offenbar durch den Musculus psoas dem palpierenden Finger entgegengebracht. Bei den Cholezystopathien wird aber der Schmerz *in der Gallenblasengegend gefühlt.* Ebenso ist es von Vorteil, den rechten Leberlappen in der Axillarlinie zu suchen, um mit dem Finger über den meist harten Rand hinüberzugleiten. In diesem Moment wird bei der Cholezystopathie ebenfalls ein Schmerz in der Gallenblasengegend angegeben. Dabei ist es gut, sich an die Seite des Patienten zu stellen und den Leberrand von oben zu suchen, wenn er bei der gewöhnlich von unten geübten Palpation nicht zu fühlen ist. Die eine Hand drückt von hinten und mit der anderen Hand palpiert man. Aus den chronischen Cholezystopathien entwickelt sich später die große Schar der an Pericholezystitis und Periduodenitis mit konsekutiver Verengerung und Einschnürung des Pylorus bzw. des Duodenums Leidenden, welche den quälenden Beschwerden der Magenstenosen unterworfen sind. Derartige Kranke können dann naturgemäß nicht mehr als geeignete Objekte einer Mineralwasserkur betrachtet werden, ihnen kann nur der Chirurg die Besserung des Zustandes anbahnen. Sind die Veränderungen bis zur Stenosierung des Darmrohres gediehen, so ist sogar die Tätigkeit des Operateurs oft auch nur recht begrenzt. *Es ist darum die Sache des Internisten, rechtzeitig seiner Meinung Ausdruck zu geben, wenn man an das Messer zu appellieren hat, um den Kranken die besten Chancen der Dauerheilung der Gallensteinkrankheit teilhaftig werden zu lassen.* Ich will hier nicht in eine Beschreibung und Diskussion der verschiedenen gegen die Cholelithiasis angewandten Medikamente eingehen, und beschränke mich darauf, diejenige Kur zu erörtern, welche in der weitaus größten Zahl der Fälle zur Heilung führt und als erstes Hilfsmittel nach der Erkennung des Leidens wohl von den meisten Ärzten der ganzen Welt zuerst angerufen wird, nämlich die Karlsbader Mineralwasserbehandlung. Es ist leicht einzusehen, daß gerade diejenigen Formen eine sehr günstige Domäne der Heilungstendenzen der Karlsbader Mineralwasserbehandlung abgeben, die erst kurze Zeit Erscheinungen boten. Die Wirkungsweise der Mineralwässer zielt weniger darauf ab, vorhandene Konkremente zur Auflösung zu bringen, außer bei weichen, schlammartigen Körpern, bei denen es immerhin möglich ist, die albuminoide Grundsubstanz zu verflüssigen. Daß dies möglich ist, erkennen wir an den im Darm nicht zu selten sich findenden einzelnen Bruchstücken von Steinen, die einen partiellen Zerfall der Steine voraussetzen. Experimentell gelang es auch, Steine durch Einnähen in Hundegallenblasen zum völligen Zerfall zu bringen. Die Hundegalle unterscheidet sich von der menschlichen durch reichlicheren Gehalt an Taurocholsäure, die viel stärker cholesterinlösend wirkt als die Glykocholsäure. Es ist nicht ausgeschlossen, daß unter dem Einfluß der Karlsbader Wässer die Gallenzusammensetzung *eine derartige Verschiebung erfährt, die für die Auflösung von Konkrementen sich günstig auswirkt.*

Prophylaktisch wirkt die Kur, wie schon oben angedeutet, bereits durch Verhinderung der Niederschlagsbildungen an sich. Wenn man in der exakten Beschreibung einer Erscheinung gleichzeitig auch die beste Definition sehen kann, so hat für die günstige Wirkung der Karlsbader Mineralwässer bei der Cholelithiasis NAUNYN den besten Ausdruck geprägt. Er sah das für jede Therapie des Gallensteinleidens anzustrebende Ziel in dem einfachen Latentwerden des Prozesses. Also nicht die ideale Heilung der völligen Beseitigung der Gallensteine, sei es durch Auflösung oder durch Abtreibung auf dem natürlichen Wege der Gallengänge und des Darmes, sondern das einfache Symptomloswerden schien ihm völlig befriedigend. In Anlehnung an diese Postulate NAUNYNS, die zum großen Teile auch den Erfahrungen der Chirurgen entsprungen waren, haben sich auch die Direktiven für die Karlsbader Trinkkur wesentlich geändert. Ruhe im ganzen Gallensteinsystem ist die Losung, und da Ruhe in einem Organsystem nur dann verbürgt werden kann, wenn auch der Gesamtorganismus keinen mechanischen

Erschütterungen ausgesetzt wird, *so werden wir mit einer konsequent durchgeführten Liegekur die besten Bedingungen für die Erreichung des erstrebten Zieles schaffen.* Geradezu unerläßlich aber wird die Liegekur bei Andeutung auch leichtester entzündlicher Vorgänge im Gallensystem. Aber auch in unkomplizierten Fällen empfiehlt sich die Ruhekur während des Gebrauches der Karlsbader Wässer schon aus dem Grunde, weil gerade während dieser, selbst in der Liegekur, förmliche Serien von Koliken einsetzen können. Dieselben führen nicht immer zu einem Steinabgang oder Sandausschwemmung, haben aber auffallenderweise trotzdem meist eine lange Periode von Ruhe und Symptomloswerden der Gallensteine zur Folge.

Man beginnt die Kur mit mäßigen Quantitäten mitteltemperierten Wassers, um von Woche zu Woche allmählich mit der Temperatur und Menge zu steigen. Bei normaler Magenmotilität und herzgesunden Menschen läßt man in der ersten Woche des Morgens in Intervallen von 5—10 Minuten 4mal je 200 g Mühlbrunnen von 55° C trinken. Dem ersten Becher werden 5 g Karlsbader Sprudelsalz zugesetzt. In der zweiten Woche läßt man am Nachmittag ebenfalls 2mal 200 g derselben Temperatur frühestens 4 Stunden nach dem Mittagbrot trinken. In der dritten Woche versucht man den ersten Becher 65° C nachmittags, schließlich alle Becher gleich heiß. Abends vor dem Schlafengehen empfehlen sich noch 200-g-Gaben kühleren Mineralwassers bis auf 30° C. *Es ist auffallend, wie gerade bei der Cholelithiasis große Mengen heißen Wassers gut vertragen* und vom Patienten geradezu instinktiv verlangt werden. Wir weisen den Patienten an, zwischen dem letzten Becher und dem Frühstück mindestens 35 bis 40 Minuten verstreichen zu lassen, dabei aber nur wenig (20 Minuten) zu gehen. Tritt Gefühl von Völle und Schwere im Leibe auf, versuche man erst die Intervalle bis zu 20 Minuten zwischen den einzelnen Rationen zu verlängern; kommt man damit nicht zu Streich, muß man mit der Quantität heruntergehen. Das heiße Wasser kann nur schluckweise getrunken werden, für 200 g sind zirka 3 Minuten erforderlich, 6—8 Sekunden von einem Schluck zum anderen warten. Bei heruntergekommenen Patienten sowie starken Reizerscheinungen soll das Wasser im Bette getrunken werden. Es ist absolut nicht nötig, unter allen Umständen in den Trinkintervallen umherzugehen. Je weniger der Körper sich bewegt, um so lebhafter werden die Heilungstendenzen gefördert. Vor dem Mittagbrote soll durch mindestens $1^1/_2$—2 Stunden absolute Rückenlage eingenommen werden und nützt man diese Zeit für die Applikation von heißen Breikataplasmen aus. Dieselben seien nicht unter 3 Pfund schwer. Auch nach dem Mittagessen soll mindestens $1^1/_2$ Stunden die absolute Rückenlage beobachtet werden. Sehr vorteilhaft ist es, dem Patienten einen Schrittzähler in die Hand zu geben. Mehr als 15.000 Schritte im Tage in der 3. Woche nach 14 Tage strenger Ruhe sind nicht zu gestatten. Große Vorsicht ist auch gegenüber dem Treppensteigen, besonders dem Treppab- und Bergabgehen, angebracht, da durch diese Bewegungen der Körper die meisten Erschütterungen erfährt. Die früher in Karlsbad fast zur Norm einer Gallensteinkur gehörenden heftigen Koliken sind seit der Einführung der NAUNYNschen Prinzipien einer methodischen Ruhe- und Liegekur fast zur Seltenheit geworden, und die frühere Regelmäßigkeit im Auftreten heftigerer Attacken wohl in erster Linie darauf zurückzuführen, daß man die Kranken veranlaßte, auch wenn dieselben in dem denkbar schlechtesten somatischen Zustande waren, auf die Berge zu klettern. Überaus häufig treten im Gefolge einer längere Zeit bestehenden manifesten Cholelithiasis die Beschwerden der Hyperazidität oder der Achylie des Magensaftes auf. Da dieselbe sehr oft mit leichter Atonie des Magens einhergeht, müssen wir diesen Verhältnissen bei der Medikation insofern Rechnung tragen, als wir das Mineralwasser nur in refrakter Dose mit längeren Intervallen geben können. Dasselbe gilt auch für diejenigen Kranken, welche gleichzeitig an Atherosklerose, erhöhtem Blutdruck und Herzfehlern leiden. Wir lassen gewöhnlich zuerst die einmalige Gabe auf nur 100—150 g bemessen und verlängern die Intervalle. Ebenso schieben wir im Laufe des Vormittags eine Trinkperiode ein und gehen aber nie über 400 cm^3 im Tage hinaus. Ähnliche Erwägungen leiten uns auch bei den lange bestehenden chronischen Entzündungen der Gallenblase, welche zur Perigastritis und Einschnürungen des Magens geführt haben. Gerade die genannten Fälle der Hyperazidität und der Atonie des Magens sind auch sehr oft von hartnäckiger Obstipation begleitet, da wir aber die oben empfohlenen großen Gaben heißen Wassers mit Rücksicht auf die Hypotonie der Magenwand nicht anwenden können, führen wir eine gebesserte Stuhlentleerung durch Zusatz größerer Mengen Karlsbader Sprudelsalzes, besonders des kristallisierten, oder auch Laxantien (Rheum) herbei. Auch das Karlsbader Brausepulver (Mischung von Karlsbader Salz und Acid. tartar.) ist gerade in diesen Fällen von großem Vorteil. Natürlich hat man die Vorsicht zu gebrauchen, dasselbe erst nach dem Aufschäumen trinken zu lassen. *Ganz Ausgezeichnetes leisten auch Massenspülungen mit Karlsbader Wasser.*[1] Man läßt die Patienten in rechter Seitenlage bis 8mal hintereinander je einen Liter auf 55° C erwärmten Mühlbrunnens einfließen und nach einer halben Minute wieder auslaufen. Man kann auch gewöhnliches Trinkwasser mit 5 g Karlsbader Salz auf 1 Liter gerechnet in der bezeichneten Temperatur mit Vorteil benützen. Wiederholt sah ich Serien von Koliken schon nach 2—3 Spülungen plötzlich abbrechen und den Prozeß zur Ruhe kommen. Sehr oft ist die Obstipation spastischen Charakters, reflektorisch ausgelöst durch Reizerscheinungen in und um die Gallenblase. Die spastische Obstipation wird durch das heiße Wasser und die Liegekur ganz ausgezeichnet gebessert. Im allgemeinen empfehle ich, nach der Karlsbader Kur noch mindestens sechs Monate jede forcierte Bewegung und ausgedehnte Spaziergänge zu unterlassen. Bei Neigung zu Hyperazidität ist es von großem Nutzen, während der genannten Zeit täglich früh im Bett zirka 200 g 50° C warmen Mühlbrunnen zu trinken, bei Subazidität oder Achylie 100 g, bei ausgesprochener Obstipation auch des Abends vor dem Schlafengehen zirka 200 g von nur 25° C. Sind in dieser Zeit keinerlei Entzündungserscheinungen oder Anfälle mehr aufgetreten, kann man den Zustand als latent geworden betrachten und damit das Regime ändern. Nunmehr empfehlen wir erst mäßige, dann weitergehende Bewegung und gleichmäßig gemischte Kost. Nach Abbruch der Kur lasse ich gerne eine Teekur machen mit einer Mischung von

Rp. Herb. Cardui benedicti
Millefoli
Violae tricoloris
Folia Sennae sine resina
aa 25,0
Herb. Menthae pip.
Herb. Agrimonii
Herb. Mari veri
Herb. Absinthii
aa 15,0
M. D. S. Tee

Von diesem Tee, der als Infus bereitet wird, und zwar ein Teelöffel auf eine Teeschale, werden abends vor dem Schlafengehen und früh nüchtern je eine Tasse genommen; nach einer halben Stunde kann das gewohnte Frühstück genossen werden.

---

[1] In Plombières werden Dauertropfspülungen geübt.

Ein Wort noch über die Behandlung des akuten Anfalles. Ich habe mich überzeugt, daß eine absolut sichere Wirkung in jedem Falle nur mit großen Dosen Alkaloid zu erreichen ist. Ich pflege Morph. muriatici 0,02, Atropini sulfurici 0,00003 zu injizieren. Bei sehr morphiumempfindlichen Menschen hat sich mir das Dilandid 0,002 mit Atropin 0,0003 sehr bewährt. Tunlichst einige Stunden später ein Klysma von heißem Kamillentee. Bei leichten Mahnungen, die sich anzeigen mit Schmerzen im Rücken oder Aufblähung des Magens bei gleichzeitigem Meteorismus, wende ich, einer Anregung WIECHOWSKIS folgend, mit großem Erfolg den Kampfer an. Man verschreibt: Spiritus camphoratus 20, Spiritus Chamomillae und Spiritus Carvi aa 5, M. D. S. im Anfalle 30 Tropfen auf ein Stück Zucker. *Diese Mischung wirkt bei allen spastischen Zuständen im Abdomen oft staunenswert schnell.* Auch der elektrische Thermophor ist beim Anfalle empfehlenswert, weniger die heißen Blech- oder Gummiflaschen, die schon wegen ihres Gewichtes nicht anzuraten sind.[1]

Während der Trinkkur muß die Kost absolut reizlos sein. Das Hauptgewicht ist auf die mechanische Zerkleinerung der Nahrung zu legen; häufige und wenig substantielle Mahlzeiten sind die Grundnormen der Kostordnung. Durch alte, nicht gerechtfertigte Vorurteile bedingt, begegnet man auch heute noch, selbst bei Ärzten, einer ausgesprochenen Scheu vor Butter während der Karlsbader Kur. So berechtigt die Einschränkung der Fette beim Verschluß des Ductus choledochus und dem durch diesen erzeugten Ikterus gravis ist, so wenig rationelle Begründung läßt sich für ein unbedingtes Fettverbot bei jeder Form von Cholelithiasis finden. Wir haben bereits gelegentlich der Besprechung des katarrhalischen Ikterus hervorgehoben, daß emulgierte Fette auch selbst beim Ikterus aufgenommen und resorbiert werden, besonders wenn man die Aufsaugung durch Gaben von Pankreon erleichtert. Neuerdings haben GLÄSSNER und SINGER gezeigt, daß gerade die Leber eine ganz besondere Rolle bei der Fettresorption spielt und die Galle zum Teil ein Vehikel für Fette darstellt, wie überhaupt die Gallensäuren im Sinne des WIELANDschen Choleinsäureprinzipes universelle Resorptionsförderer sind. In schweren Fällen gehäufter Anfälle kann man sich auch noch während der Karlsbader Trinkkur der Ölbehandlung bedienen. Ich

[1] Nicht selten kommt es nach den Anfällen zu embolischen Infarkten in der Lunge.

übe dieselbe in der Art, daß ich den Patienten veranlasse, zwischen den einzelnen Mahlzeiten, ungefähr 3mal am Tage, je ein Likörgläschen reinsten Olivenöls zu trinken. Man kann dem Öl etwas Pfefferminz oder einige Tropfen Kognak zusetzen. Streng verboten während der Kur bleiben alle Sorten groben Kohles, frisches Brot, Hefespeisen und rohes Obst. Auch die Eier sind strikte zu verbieten. Die Erfahrungen mit der BOYDEN-Mahlzeit vor dem Röntgenschirm haben uns gezeigt, wie berechtigt die oft instinktive Abneigung der Gallenkranken vor Eiern in jeder Form ist, weil sie Kontraktionen in Gallenblase und Gallengängen auslösen. Alkohol ist, wenn nicht Hyperazidität des Magensaftes besteht, in kleinen Quantitäten als Bier oder Wein zu gestatten, *doch dürfen diese Getränke niemals eingekühlt sein, da kalte Getränke (Fruchteis) geeignet sind, Koliken hervorzurufen.*

Wir haben oben angedeutet, daß die Cholelithiasis nicht nur als rein lokaler, sich allein in der Gallenblase abspielender Vorgang aufgefaßt werden kann, als vielmehr den Ausdruck einer gewissen Konstitutionsanomalie darstellt. Wir sind zu dieser Auffassung auch durch die Erwägung gelangt, daß häufig ganz bestimmte hereditäre Momente mitspielen, in mancher Familie jedes Mitglied an Gallensteinen leidet, daß ferner Gallen- und Nierensteine häufig in demselben Individuum zur Beobachtung kommen und uns gerade die Erfahrung der Chirurgen gezeigt hat, wie lange nach der Exstirpation der Gallenblase noch echte kleine Gallensteinchen bei lange fortgesetzter Drainage des Ductus hepaticus zur Ausstoßung gelangen. Die Gallensteine werden demnach keineswegs, wie vielfach irrig angenommen, nur in der Gallenblase gebildet, *sondern schon in den kleinsten Gallengängen formen sich die Sedimente, welche erst in der Gallenblase durch Apposition oder Einwanderung neuer Schichten wachsen und durch Druck der benachbarten Konkremente die charakteristische Facettenform annehmen.* Daß sich diese Vorgänge tatsächlich so abspielen, beweisen uns auch die echten Rezidiven nach Gallensteinoperationen, bei welchen wir im Stuhlgang weiche Gallensteinchen, oft in schnupftabakähnlicher Form, nachweisen konnten. Gewiß sind echte Rezidive nicht häufig. VEREBELY schätzte sie etwa auf 2%. Im Anfange der Gallensteinchirurgie waren z. B. die Gallenfisteln, die immer die Anwesenheit von zurückgebliebenen Steinen im Choledochus beweisen, häufig und sind jetzt geradezu selten geworden. Erfahrenen Chirurgen unterlaufen sie wohl überhaupt nicht mehr, und sind, fälschlich als echte Gallensteinrezidive aufgefaßt, nur auf eine nicht kunstgerecht ausgeführte Operation zurückzuführen, bei welcher der Chirurg zurückgebliebene Gallensteine im Hepatikus und Choledochus übersehen hat. Es ist darum die Indikation für die Operation auch abhängig zu machen von dem Operateur, der zur Verfügung steht. Wir sehen heute im Karlsbader Material schon 30% Operierte unter unseren Gallensteinkranken, allerdings zumeist mit nur leichten Beschwerden: Schmerz in der rechten Seite, Stechen beim tiefen Atmen, Sekretionsanomalien des Magens und Beschwerden, die durch die Leberschwellung an sich bedingt sind, die eben wegen teilweiser zirrhotischer Veränderungen, welche jeder länger dauernder Gallensteinprozeß mit sich bringt, verursacht werden. Echte Koliken sehen wir bei den Operierten sehr selten, häufiger aber hysterische Anfälle. Als differentialdiagnostisches Moment dieser von echten Koliken beobachtete ich, daß bei wahren Steinkoliken die Kranken, zusammengekrümmt, trachten, die Bauchmuskeln zu entspannen, während die Hysteriker in förmlichem Opisthotonus sich nach rückwärts wenden. Auch Schmerzen in den Schultern, besonders rechts, sind bei den Gallenoperierten häufig. Bei vielen Gallensteinkrankheiten kommt der Prozeß schon nach einmaliger Karlsbader Kur zur Ruhe, bei anderen erst nach mehrmaliger Wiederholung. Gehen die Koliken aber öfter mit Fieber einher, so rate ich frühzeitig zur Operation, welche à froid ausgeführt in unkomplizierten Fällen bei hervorragenden Operateuren wie VEREBELY kaum mehr 0,45% Mortalität erreichen. Im Anschluß an die Operation soll unbedingt regelmäßig aus den oben angeführten Gründen eine Kur in Karlsbad oder zu Hause unternommen werden und je nach dem Status der Leber mehr oder minder häufig wiederholt werden (KEHRER).

Nierensteinkrankheit und Gicht.

Auch allen Nierensteinen liegt eine organische Gerüstsubstanz zugrunde, für deren Ausflockung und Inkrustation ebenfalls die Erwägungen SCHADES Geltung haben, nach denen es zu einer Steinbildung nur dann kommen könne, wenn das Ausfallen der kolloiden Grundsubstanz und des imprägnierenden Körpers gleichzeitig erfolgt. Wir wissen schon lange durch die Untersuchungen KLEMPERERS, welche große Rolle den Kolloiden bei den Lösungen kristalloider Substanzen zukommt, welche hervorragende Bedeutung z. B. dem kolloidalen Farbstoff Urochrom für die Lösung der Harnsäure im Harne zuzuschreiben ist, so daß uns die Darlegungen SCHADES bereits Längstvermutetes aufs neue bestätigen. Die Bildung von Nierensteinen, seien dies Oxalate, Urate, reine Harnsäure oder phosphorsaure Salze, hängt innig zusammen mit einem Zustand, den wir schlechtweg am besten Steindiathese nennen, für deren Grundlage wir die oben auseinandergesetzten Veränderungen der Sekretion der von der Leber und Niere gelieferten Produkte anzusehen haben. Aus der großen Gruppe der steinbildenden Drüsensekrete kann man diejenigen Konkrementbildungen herausheben, die auch von Veränderungen in anderen Teilen des Organismus, die fernab von der steinbildenden Stätte liegen, begleitet sind. Es sind dies die Harnsäuresteine, welche so oft mit gichtischen Veränderungen in den Gelenken und Sehnen kompliziert sind. *Die Pathologie der harnsäurehaltigen Nierensteine ist zum Teil die Pathologie der Gicht.* Es ist hier nicht der Ort, in die Diskussion der Theorie der Gicht, der harnsauren Diathese überhaupt, einzugehen. Die Physiologie der Harnsäure und ihrer Muttersubstanzen ist noch nicht so vollkommen geklärt, um aus dem Auftreten von Gichtknoten und Nierensteinen ohne weiteres schließen zu können, daß das ganze Krankheitsbild sich in Störungen des normalen Harnsäurestoffwechsels erschöpfe. Wir wissen zwar, wie REACH uns zeigte, daß der Gichtiker auf reichliche Zufuhr von Harnsäure mit einem echten Gichtanfall antworten kann und daß die Ausscheidung der Purinkörper bei ihm verzögert ist. Wir wissen ferner aus Untersuchungen L. POLLAKS, daß auch der Alkoholiker, der doch so oft zum Gichtiker wird, die Harnsäure schwerer ausscheidet, so daß wir genügend Anhaltspunkte besitzen, *in allen diesen Fällen in der Niere kausale Momente für die Entstehung der Gicht zu vermuten.* Im Kapitel über die Entstehung der Gallensteine habe ich bereits auf das konstitutionelle Moment hingewiesen, das besonders auffällt bei der Beobachtung des Auftretens von Nierensteinen bei Gallensteinträgern. Diese allgemeine Steindisposition macht uns die moderne Kolloidchemie leichter verständlich; insbesondere war es LICHTWITZ, der kolloidale Zustandsveränderungen, besonders der elektrischen Ladung der Schutzkolloide, welche teils als fein-, teils als grobdisperse Phasen schwer lösliche Substanzen in Lösung halten, für die Steinbildungen aller Art verantwortlich machte. LICHTWITZ war es auch, der als erster Störungen von Teilfunktionen der Niere zur Erklärung manchen pathologischen Geschehens heranzog. Eine solche Teilfunktion der Niere ist ihr Vermögen, das Kochsalz im Harn zur Konzentration zu bringen. Eine solche Teilfunktion der Niere ist es auch, *die Harnsäure im Harn zu konzentrieren.* Die bloße Vermehrung von Harnsäure im Blut, wie z. B. bei der Leukämie, führt keineswegs zu Gicht oder zu Nierensteinen, *sondern erst, wenn das Konzentrationsvermögen für Harnsäure im Harn gesunken ist, tritt die Gicht auf.* MEYER und JUNGMANN zeigten, daß die Konzentrationsarbeit für das Kochsalz vom Mittelhirn gesteuert wird. Der Diabetes insipidus ist durch eine solche zentrale Störung auf dem Wege über den Hinterlappen der Hypophyse bedingt.

LICHTWITZ, dem sich auch THANNHAUSER und WEINTRAUD anschließen, vermutet einen ähnlichen Vorgang für die Gicht. *Durch eine Störung der Steuerung vom Mittelhirn (der Hypophyse) aus hat die Niere ihr Konzentrationsvermögen für Harnsäure verloren,* welche sich nunmehr im Blute ansammelt und gelegentlich durch Affinität erklärbare Anreicherung im mesenchymalen Gewebe, von GUDZENT Uratohistechie genannt, zu sichtbaren Ablagerungen von Harnsäure oder harnsaurem Natron führt. Für die Berechtigung dieser Auffassung sprechen auch die häufigen Beobachtungen, die ich selbst bei akuten Gichtanfällen gemacht habe, von enormer Diurese, bis zu 4—5 Liter im Tage, unter gleichzeitig vorhandenem quälenden Durst. Diese Erscheinungen glaube ich auf Störungen im Hinterlappen der Hypophyse zurückführen zu dürfen. Der Gehalt an Harnsäure im Blute übersteigt bei weitem 4 mg$^0/_0$, während im Tagesharn Harnsäurewerte von 0,3 mg$^0/_0$ nachzuweisen sind. Es hieße darum meines Erachtens alle diese Momente und nicht zuletzt auch die Arbeiten MINKOWSKIS, WIENERS und WIECHOWSKIS mit Gewalt ignorieren, wollte man dem Beispiele GUDZENTS folgen und in den verschiedenen Formen des Auftretens der harnsauren Salze, deren Vorkommen im Blut usw. das ganze Wesen der Gicht erblicken. *Wir besitzen heute noch keinen objektiven Maßstab für die günstige oder indifferente Wirkung eines Medikamentes bei der Gicht, und sind einzig und allein auf die Angaben der Patienten angewiesen.* Denn selbst reichliches Auftreten von Harnsäure im Harne nach der Einverleibung eines Medikamentes ist nicht eindeutig und läßt sich auf verschiedene Weise interpretieren. Man könnte die Urikurie als den Ausdruck einer gebesserten Durchspülung des Organismus, als Selbstreinigung des Blutes und der Gewebe von der schädlichen Harnsäure ansehen oder umgekehrt als Zeichen einer erhöhten Bildung. *Wahrscheinlich handelt es sich um eine Reizung der Niere zur Erhöhung ihrer*

Konzentrationsfähigkeit für Harnsäure entweder direkt auf das Nierenepithel oder durch Vermittlung des Nervensystems. HARPUDER gelang es nachzuweisen, daß sympathikotonische Mittel, wie Adrenalin, Ergotamin und Atropin die Harnsäurekonzentration im Urin außerordentlich stark erhöhen können. Sympathikusreizung macht also Konzentrationssteigerung, Sympathikuslähmung Konzentrationsverminderung. Damit ist bewiesen, daß selbst bei gleichbleibender Bluthamsäurekonzentration die *harnsäureausscheidende Funktion der Niere vom Nervensystem beeinflußbar ist*, ohne daß die anderen Funktionen der Niere in ihrer exkretorischen Kraft beeinflußt werden. Auch das Atophan wirkt als isolierte Beeinflussung der Harnsäurekonzentration im Harn. Bei der Gicht ist also die Niere träge in der Ausscheidung der Materia peccans und wochenlang pflegt dem Gichtanfall Harnsäureretention vorauszugehen, bis durch den Anfall eine enorme Ausschwemmung von Harnsäure und mit dieser eine Art Selbstheilung statthat. *Ob aber das Auftreten reichlicher Mengen freier Harnsäure oder Uraten im Harne wirklich das ausschließliche Ziel unserer Therapie sein soll, ist gerade in Hinsicht der möglichen Steinbildung durch die Anwesenheit großer Mengen präzipitabler Massen nicht leicht zu beantworten.* Für die Bildung der harnsauren Nierensteine dürften auch in den Aziditätsverhältnissen des Harns gewichtige kausale Momente zu finden sein. OTTO NEUBAUER hat mit Hilfe der Methode der konstanten Ketten zuerst einwandfrei bewiesen, daß der Uratiker bzw. Gichtiker einen stärker sauer reagierenden Harn ausscheidet als der Gesunde. Er konnte zeigen, daß der Zusatz von Gichtharn zu einem normalen Harn sofort eine intensive Ausfällung von *freier Harnsäure* hervorruft. Diese auffallende Erscheinung läßt sich ungezwungen so erklären, *daß in dem Gichtharn eine saure Substanz vorhanden sein muß, welche die Harnsäure aus ihren salzartigen Verbindungen zur Abscheidung bringt.* Der exakte Nachweis einer derartig auf Uratverbindungen wirkenden Substanz, die auf pathologischem Wege im Organismus entstanden oder ein nicht weiter abgebauter physiologisch entstehender Körper wäre, könnte uns viele bis jetzt unklare Erscheinungen der uratischen Prozesse erklären, insbesondere auch die Bildung reiner Harnsäuresteine verständlich machen. *Denn darin dürfte meiner Meinung nach überhaupt das Kriterium der echten harnsauren Diathese liegen, daß beim Uratiker die Harnsäure im Harne weniger in der Form der Urate, sondern als freie Säure auftritt.* Ein reichliches Sedimentum lateritium bei reichlicher Fleischkost und niedriger Zimmertemperatur können wir unmöglich, wie es aber jetzt noch so häufig geschieht, für die Diagnose der gichtischen Vorgänge heranziehen; *nur dann, wenn reichliche Menge freier Harnsäure sich im Harn abscheidet und die klinische Beobachtung zur Annahme gichtischer Prozesse drängt, können wir den bislang recht vagen Begriff einigermaßen fundieren und festere Kriterien schaffen.*[1]

Die Karlsbader Balneotherapie der Gicht und der harnsauren Nierensteine ist eine kombinierte Trink- und Badekur, und zwar zumeist eine Moorbadekur und in letzter Zeit auch die auf meine Veranlassung in Karlsbad eingerichteten radiumhaltigen Kohlensäuregasdampfbäder. In der Hauskur müssen die Moorbäder durch Bäder unter Zusatz von Moorsalzen oder Karlsbader Sprudellaugensalz ersetzt werden. Die Trinkkur wird fälschlich als unter die allgemeine Alkalitherapie fallend bezeichnet. Die relativ geringen Mengen von Alkali, die gerade mit den Karlsbader Mineralwässern dem Organismus einverleibt werden, können unmöglich das Wesentliche der Kur darstellen. Vielmehr ist es eben die ganz eigenartige Zusammensetzung der Karlsbader Thermen, die nur in ihrer Gesamtheit den guten Effekt bedingen können. Wir dürfen mit Recht vermuten, daß in der Leber einschneidende Vorgänge sich abspielen, welche mit dem Wasserhaushalt in Zusammenhang zu bringen sind. Die so *häufigen Leberschwellungen und Nierenveränderungen im Gefolge uratischer Veränderungen sind vermutlich nicht Konsequenz, sondern Ursache dieser eigenartigen Stoffwechselstörung.* Nun haben wir bereits oben angeführt, daß die Karlsbader Thermen eine gewisse Affinität zur Leber und den anderen großen Drüsen des Unterleibes besitzen und suchen wir den zweifellos günstigen Effekt der Karlsbader Trinkkur in erster Linie in der Belebung der chemischen Prozesse in der Leber. Endlich könnte auch eine Blutpurifizierung durch Niere und Darm große Bedeutung haben. Schon die alten Ärzte beobachteten, daß dem Gichtanfalle unmittelbar vorher auffallend stark übelriechende Stühle vorangehen, und dem Erfahrenen untrügliche Vorboten einer kommenden Attacke sind; so ist es verständlich, daß durch gründliche Darmreinigung der Zustand der Gichtiker gebessert wird. Die Durchspülung des Blutes und Entfer-

[1]) Auffallend ist das häufige Auftreten von Nierensteinen nach der Resektion des Pylorus wegen Ulkus, wenn die Entsäuerung des Blutes durch den Magen nicht mehr möglich ist.

nung uratogoner Substanzen auf dem Wege des Darms und der Niere, Änderung der durch die Nierenepithelien zur Ausscheidung gelangenden Schutzkolloide für schwer lösliche Substanzen, wie Harnsäure, könnten durch die Karlsbader Kur vorzüglich erreicht werden. Die Untersuchungen von STRANSKY an Mensch und Tier haben den schon lange vermuteten Effekt unserer Mineralwässer auf den Purinhaushalt aufgezeigt. Es kommt im Verlaufe der Trinkkur zu vermehrter Ausscheidung von Harnsäure durch die Nieren und zugleich zu einer verminderten Exkretion der Endprodukte des Purinhaushaltes, gemessen an der veränderten Ausscheidung von Allantoin.[1] In Ansehung der im wesentlichen Gleichartigkeit der Prozesse bei der Gicht und den Harnsäurenierensteinen ist unser Karlsbader Regime bei diesen Anomalien im großen und ganzen identisch. Wir haben uns nur genauen Aufschluß über den Zustand des Gefäßsystems zu verschaffen, da z. B. bei Annahme einer gichtischen Schrumpfniere (Bleiniere) mit Herzhypertrophie Flüssigkeitszufuhr überhaupt nur in engen Grenzen gestattet ist. Die Nephrolithiasis geht oft mit Obstipation spastischen Charakters einher, während der Gichtiker mit abdomineller Plethora und Obesitas oft an rein funktioneller Obstipation leidet, welche bei der einzuschlagenden Balneotherapie berücksichtigt werden müssen. Wir verordnen bei der Neigung zur Sandbildung erfahrungsgemäß am besten die heißen Quellen. Das heiße Wasser hat im allgemeinen einen bedeutenden sedativen Einfluß auf alle Arten von Reizzuständen im Bereiche des Abdomens und wirken ganz besonders bei Anwesenheit von Sand und Steinen im Nierenbecken und den Ureteren krampflösend und erschlaffend, tragen also mittelbar zur Austreibung der Konkremente bei. Ganz Vorzügliches leistet das subaquale Darmbad mit Karlsbader Wasser oder in der Hauskur die bei der Cholelithiasis bereits beschriebenen Massenspülungen mit Karlsbader Wasser oder — wenn es die wirtschaftlichen Verhältnisse nicht gestatten — mit einer $^1/_2{}^0/_0$igen Karlsbader Salzlösung. Man kann hier bis 10 Liter hintereinander zur Spülung bringen. In der Trinkkur verordnen wir 4 Becher von 200 g Mühlbrunnen, auf 60^0 C erwärmt, in 10-Minuten-Intervallen zu trinken, und lassen auch im Verlaufe des Nachmittags 3mal je 200 g nehmen, vorausgesetzt, daß die Magenmotilität intakt ist. In den ersten 4—5 Tagen kann man bei nervösen Menschen mit niedrigeren Tem-

[1] Hierbei kommt dem Sulfation eine bedeutsame Wirksamkeit zu.

peraturen und kleinen Quantitäten beginnen und allmählich ansteigen. Während des Tages ist es von großem Vorteil, wenn der Patient reichlich 20° C warmen Mühlbrunnen trinkt. *Ich kenne viele Patienten, welche jahrein, jahraus eingekühlten Mühlbrunnen mit Vorliebe und großem Nutzen zur Hintanhaltung von Konkrementbildung trinken.* Während das heiße Wasser auf die Zirkulationsverhältnisse in der Leber gewichtigen Einfluß nehmen kann, ist das kalte Karlsbader Mineralwasser wiederum *viel stärker diuretisch wirksam und empfiehlt sich deshalb die gleichzeitige Anwendung beider Formen.* Besteht funktionelle Obstipation, muß man den Morgenbechern Karlsbader Salz (5 g) zusetzen. Bei Verdacht auf Anwesenheit von Nierenkonkrementen, auch wenn durch Röntgenstrahlen nicht erhärtet, lasse man nur sehr vorsichtig Bewegung machen, verbiete unbedingt Bergsteigen, Reiten usw. Gichtiker ohne Nierensteinbildung erfordern mitteltemperierte Wässer, man reiche z. B. bei der Hauskur 3mal je 200 g auf 50° C erwärmten Mühlbrunnen, bekämpfe die Obstipation mit Zusatz von Karlsbader Salz, besonders Kristallsalz oder Brausepulver. Sind Leberschwellung oder Intumeszenz der Milz vorhanden, gebe man das Wasser in höherer Temperatur. Die mitteltemperierten und kühleren Wässer treiben die Diurese gewaltig in die Höhe, und wir wollen ja eine möglichst weitgehende Durchspülung des Gesamtorganismus gerade bei der Gicht und Nierensteinen erreichen. Mit der Ausscheidung abundanter Flüssigkeitsmengen kommen auch früher retiniert gewesene, exquisit harnfähige Substanzen zur Ausfuhr, und man kann die erfreuliche Wahrnehmung machen, daß erhöhter *Blutdruck, wie ihn die Gichtiker im Beginne von Atherosklerose* oder als Zeichen einer Hucharbschen Präsklerose so häufig bieten, *heruntergeht* und zugleich besseres Allgemeinbefinden eintritt. Ich hebe das Wohlbefinden deshalb hervor, weil vielfach irrigerweise eine Herzschädigung durch die Karlsbader Kur in wenig erfahrenen Ärztekreisen behauptet wird und man aus dem Heruntergehen des vorher erhöhten Blutdrucks eine Herzwirkung vermuten könnte. Dies ist aber durchaus nicht der Fall, und der gesunkene Blutdruck ist nicht als Ausdruck gesunkener Herzkraft anzusehen, sondern, worauf das gesteigerte Wohlbefinden hinweist, durch die Verminderung der Kreislaufswiderstände bedingt, welche durch die Entfernung drucksteigernder pressorischer Substanzen aus dem Blute begünstigt wird. Wir werden den Patienten auch veranlassen, durch reichliche Bewegung, soweit Atherosklerose, Nierensteine usw. keine Gegenanzeige bieten, durch Heilgymnastik und Massage seinen Blutumlauf zu beschleunigen, durch Mäßigkeit im Essen und Trinken seiner abdominellen Plethora zu steuern.

Mit zu den besten wissenschaftlichen Begründungen der Diätetotherapie gehört die Beobachtung des Zusammenhanges zwischen der Aufnahme sogenannter purinreicher Nahrung und der Bildung bzw. Ausscheidung von Harnsäure. Jeder Mensch scheidet eine gewisse konstante Menge Harnsäure aus seinem eigenen Zellbestande stammend aus. Diese endogene Komponente der Gesamtpurinausfuhr ist nach BURIAN und SCHUR für ein Individuum ziemlich konstant und dürfte eine Funktion seiner Muskelmasse sein, in dem Sinne, daß ein muskelschwacher Mensch weniger endogene Harnsäure ausscheidet als ein muskelstarker. Es ist deswegen ein arger Unfug, wenn man, ohne den Patienten zu kennen, ohne einen Anhaltspunkt dafür zu besitzen, welche Nahrung ein Mensch konsumiert hat, nach dem Ausfall einer einzigen Harnanalyse sagt, die Harnsäure sei vermehrt oder vermindert, wie das noch vielfach geschieht. Da bei der Gicht die Harnsäure nicht genügend rasch aus dem Körper entfernt wird, das Blut mit Harnsäure überschwemmt bleibt, ist es für uns geboten, wenigstens jenen Teil der Harnsäure, der seine direkte Entstehung den Lebensmitteln verdankt, auf das mögliche Minimum herabzudrücken. Wir müssen die Purine, die Muttersubstanz der Harnsäure, in der Nahrung so viel als möglich zu umgehen trachten. Oft kommt es nach Purinnahrung zu überschießender Ausfuhr von Harnsäure gewissermaßen als Effekt einer „Reizharnsäure“. Die größten Mengen von Purinen werden im Fleischextrakt gefunden, in starker Bouillon, die große Mengen freier Purinbasen, besonders Xanthin, das im Organismus glatt in Harnsäure übergeht, enthalten. Im folgenden sei die Tabelle von BURIAN und HALL wiedergegeben. Nach dieser enthalten:

100 g Thymus 0,5,
100 g Pankreas 0,15,
100 g frisches Ochsenfleisch 0,056,
100 g Schwarzbrot 0,01 g Purine,
100 g Kartoffel 0,0005,
100 g Milch 0,0004, Spinat 0,02.

Eier, Käse, Salate, Kohl sind völlig frei von Purinkörpern, reichlich sind dieselben in Bohnen, Zwiebeln enthalten. Die Analysen lehren uns, *daß man entgegen der herkömmlichen Gewohnheit Eier* und *Käse dem Gichtiker wohl erlauben darf,* dagegen *Kalbsmilch, Leber, Milz, Zwiebeln* und *Bohnen* strenge zu untersagen hat. Gekochtes Rindfleisch, dem durch Auslaugen und Kochen die Purine mit der Suppe entzogen wurden, kann erlaubt werden. *Das Fleisch junger Tiere, der Kälber und Lämmer ist dagegen purinreicher, soll deshalb, im Gegensatz zu den gebräuchlichen Diätvorschriften, nur in mäßigen Grenzen* gestattet werden. Kaffee, Tee, Kakao enthalten Purinkörper, in welchen der Wasserstoff teilweise durch Methylgruppen ersetzt ist; das Theobromin ist z. B. ein Dimethylxanthin. Der Organismus ist aber nur imstande, einen ganz geringen Bruchteil des Methyls freizumachen, kann also aus den genannten Körpern nur winzige Bruchteile von Harnsäure, welche praktisch nicht ins Gewicht fallen, wieder aufbauen. Man kann darum diese Genußmittel, soweit nicht spezielle Rücksichten auf das Herz und Gefäßsystem ein Verbot erheischen, gestatten. Absolut zu untersagen wäre aus theoretischen und praktischen Gründen der Alkohol, der an sich schon den Purinstoffwechsel nachteilig verändert und zu einer verlangsamten Ausscheidung der Harnsäure bzw. zu deren Retention im Blute beiträgt. Aber die Mehrzahl der Gichtiker sind derart an den Alkohol gewöhnt, daß man mit Rücksicht auf das Allgemeinbefinden meistens kleine Mengen zubilligen muß. Je länger ein laktovegetabilisches Regime mit reichlicher Obst- bzw. Kompottzufuhr, grünen Gemüsen, zu welchen man kleine Rationen gekochten Rindfleisches, aber nie mehr als 200 g im Tag beilegen kann, fortgesetzt wird, um so wohler fühlt sich der Gichtiker, um so seltener treten die Gichtanfälle auf. Eine besondere Berücksichtigung verdient die Flüssigkeitszufuhr. Man darf dem Gichtiker nicht schlechtweg empfehlen, reichlich alkalische Getränke und Fruchtsäfte usw. zu genießen, sondern muß sich immer davon überzeugen, ob die Wasserbilanz normal, der Kreislauf und der Magen nicht überlastet werden.

Die dunklen Vorgänge, welche zur Ausstoßung von Uratsteinen durch den Harn führen, stehen auch im innigen Zusammenhang mit der Bildung und Ausscheidung von Oxalatsteinen durch den Harn. Dieser Konnex wird uns gegeben durch die Erfahrung, daß Uratiker oft Oxaluriker werden, Oxalatsteine mit Uratsteinen abwechseln können. *Die Oxalurie an sich, d. h. Vermehrung von Oxalaten im Harne, hat anscheinend mit der Bildung von Konkrementen aus Oxalsäureverbindungen wenig zu tun. Die Ausscheidung von Oxalatsteinen ist, wie die Phosphaturie, gleichzeitig eine Kalkariurie.* Nur dann, wenn die Oxalsäure an Kalk gebunden den Organismus in Form von Steinen und der bekannten Briefkuvertkristalle verläßt, gewinnt sie pathologische Bedeutung. Dabei muß die Gesamtmenge der ausgeschiedenen Oxalsäure gar nicht größer sein als in der Norm. Ein Teil der im Harne ausgeschiedenen Oxalsäure entsteht physiologisch aus dem Abbau von intermediären Produkten des Stoffwechsels, wie z. B. dem Glykokoll aus den leimgebenden Geweben, ein anderer aus dem Kohlehydratstoffwechsel. Viale und Castagna beobachteten eine starke Vermehrung der Oxalsäure im Harn beim pankreaslosen Hund, welche durch Insulin herabgesetzt werden konnte. Auch klinische Versuche an Oxalurikern fielen gleichsinnig aus, so daß ein Zusammenhang der Oxalurie mit Störungen der endokrinen Funktion des Pankreas wahrscheinlich wird. Der größere Teil der Harnoxalsäure stammt jedoch aus der Nahrung. Wir werden natürlich nicht in einer übermäßigen Oxalsäurezufuhr allein die Ursache der Bildung von Oxalatsteinen zu suchen haben. Millionen Menschen leben ausschließlich gerade von oxalsäurereichen Früchten, und die Oxalurie ist immerhin eine recht seltene Erkrankung. Wir müssen auch für die Bildung der Oxalatsteine eine vielleicht ähnliche „Diathese" annehmen wie für die Entstehung der Uratsteine, bei welchen durch irgendeine Störung gleichzeitig kolloide Substanzen und oxalsaurer Kalk zur Ausfällung kommen, wofür ja auch das gleichzeitige Zusammentreffen des Auftretens beider Arten von Konkrementen in demselben Individuum spricht. Man hat auch eine zu gute Resorption der Oxalsäure für das Entstehen der Steine beschuldigt. Mehr Berechtigung liegt meines Erachtens der Annahme zugrunde, daß die verschiedenen Reaktionsverhältnisse der Harnflüssigkeit eine ursächliche Rolle in der Oxalaturie spielen. Klemperer und Tritschler konnten zeigen, daß die Lösungsbedingungen für die Oxalsäure günstiger werden, wenn die Relation von Kalk zu Magnesia im Harne sich zugunsten der Magnesia ändert. Richtig ist auch, daß Neurastheniker, besonders Sexualneurastheniker mit gesunkener Potenz, welche gleichzeitig an Hyperazidität des Magensaftes leiden, unter den Oxalurikern ein großes Kontingent stellen. Wir lassen Sprudel, aber nur zu 40° C — weil der Sprudel weniger gelösten Kalk enthält — 3mal je 200 g frühmorgens trinken. In der Kost vermeiden wir Spinat, mit zirka 2‰ Oxalsäure, Tomaten, Stachelbeeren und insbesondere den oxalsäurereichen (zirka 4‰) Tee und Kakao. Mit den Fleischspeisen halten wir es wie bei der uratischen Diathese.

Glykosurie und Diabetes mellitus.

Der Karlsbader Kurarzt kommt im allgemeinen zu einer milderen Auffassung des Diabetes als der Kliniker. Wir sehen viele unserer Kranken im Beginne der Störung; einen großen Teil stellen jene dar, welche gelegentlich des Abschlusses einer Lebensversicherung als Diabetiker entdeckt wurden und nun rasch die ganze Krankheit durch eine Karlsbader Kur loszuwerden glauben, oder Leute, bei denen sich die Glykosurie im Anschlusse an eine Infektionskrankheit einstellte, bzw. gelegentlich einer solchen entdeckt wurde. In kurzer Zeit verlieren dieselben in Karlsbad die Erscheinungen der Glykosurie und pflegen dann durch viele Jahre in die Sprudelstadt zu pilgern, aus Vorsicht gegenüber der möglichen Verschlimmerung ihrer diabetischen Disposition. So bleiben die Fälle jahrzehntelang in Evidenz des behandelnden Arztes. Man macht da häufig die Erfahrung, daß sich die Toleranz gegenüber den Kohlehydraten selbst in langen Zeiträumen nicht nur nicht sich zu verschlimmern braucht, sondern oft in die Höhe geht, wenn der Patient während des Jahres auf die Intentionen des Arztes eingeht. Bei vielen ist der Diabetes auf dem Boden einer universalen Obesitas gewachsen. Ich sehe hier in dem Auftreten der diabetischen Stoffwechselstörung eine gewisse regulatorische Maßnahme des Organismus, der sich der Erstickung durch die wachsenden Fettmassen zu entziehen sucht, *gewissermaßen in den Diabetes flüchtet und dadurch die Umprägung der Kohlehydrate in Fett verhindert.* Der Diabetes mellitus ist gewiß manchmal auch der Ausdruck eines vielleicht nur lokalen, auf das Pankreas oder die zuckerregulatorischen Zentren im Subthalamus beschränkten Seniums, d. h. atherosklerotischer Veränderungen. Je nach der familiären Disposition ist die Reihenfolge seneszierender Prozesse in den einzelnen Organen verschieden. Frühzeitiger Haarausfall, Linsenkatarakt, Koronarsklerose, Hirnsklerose, Nierensklerose, Claudicatio sind Symptome lokalen Seniums. Es wäre reizvoll zu untersuchen, wie weit diese Anlagen zurückzuführen sind auf die gegebene arterielle Versorgung und die jeweiligen Organgrößen und -funktionen in Beziehung zum Querschnitt der versorgenden Arterien sind. So sind es auch mehr minder eindeutige Erscheinungen des Seniums, die wir bei unseren Diabetikern so oft zu beobachten Gelegenheit haben, die allerdings jahrelang völlig stationär bleiben können. Zum Unterschied von den Erfahrungen des Badearztes stellen sich dagegen im Krankenhaus zumeist solche Diabetiker vor, welche durch ihre Stoffwechselanomalie auch direkte Beschwerden haben; das sind aber bereits die schwereren und vorgeschrittenen Fälle. Damit soll keineswegs etwa gesagt sein, daß der Diabetes mellitus und die Glykosurien nur als leichte Veränderungen des Stoffwechsels, die nicht die ernsteste Aufmerksamkeit seitens des behandelnden Arztes erheischen würden, aufzufassen wären. Sondern es soll nur betont werden, daß wir den Diabetes keineswegs als eine einheitliche Erkrankungsform zu betrachten haben, welcher unter allen Umständen eine düstere Prognose zu stellen ist. Das Zusammenspiel der verschiedenen Kräfte, das zum ungestörten Abbau des Zuckermoleküls erforderlich ist, kann an den mannigfachsten Stellen unterbrochen oder nur mehr minder gestört werden; auch eine einmalige vorübergehende Störung kann einen gewissen locus minoris resistentiae setzen, welcher gelegentlich einer neuerlichen Schädigung einen Angriffspunkt bietet, *so daß schon aus Gründen der Prophylaxe der Kohlehydratgenuß bei einmal bewiesener Labilität des Zuckerhaushaltes nach Tunlichkeit reguliert werden soll.*

Die Frage nach der grundsätzlichen Verschiedenheit der einzelnen Diabetesformen ist durch die bedeutungsvollen Untersuchungen Weichselbaums aufgerollt worden. Er konnte bemerkenswerte Unterschiede am histologischen Bilde der im Pankreas eingelagerten Langerhansschen Inseln, eine fast scharf zu nennende Differenzierung feststellen, je nachdem es sich im Leben um einen leichten, mittelschweren oder schweren Diabetes handelte. So fand er bei den jugendlichen Formen, welche schon lange klinisch als hervorragend bösartig bekannt sind, ausgesprochen hydropische Degeneration der Langerhansschen Inseln, während in den weniger schweren Formen entweder reine Hypoplasien bzw. Atrophien oder hyaline Abartung zu erkennen war. Wenn auch auf dieser pathologisch-anatomischen Basis noch lange kein Schema der verschiedenen klinischen Formen des Diabetes mellitus aufzustellen ist, so läßt sich in den Befunden Weichselbaums doch ein Ansatz erblicken, die verschiedenen Erscheinungsmöglichkeiten der Zuckerkrankheit nicht nur graduell, wie man nach der von Seegen formulierten Klassifikation seiner Fälle meinen könnte, sondern als prinzipiell different voneinander aufzufassen. Diese Betrachtungsweise macht es uns auch leichter begreiflich, warum so viele Zuckerkranke das ganze Leben Glykosuriker bleiben, und andere bald mittelschwere und schwere Diabetiker werden. Der größte Fortschritt in der Konzeption des pathologischen Geschehens beim Diabetes mellitus wurde aber erst durch den Ausbau der exakten Blutzuckerbestimmung durch IVAR BANG erzielt. Ihm verdanken wir auch die Entdeckung des Insulins durch BANTING und BEST. Durch die eingehenden Untersuchungen L. POLLAKS wissen wir, daß die Höhe des Blutzuckers durch ein System verschiedenster hormonaler und nervöser Kräfte reguliert wird, das wieder durch ein in der Gegend des Hypothalamus gelegenes Zentrum gesteuert wird. So wie für die Wärmeregulation, den Blutdruck, den Wasserhaushalt und den Schlaf ein Steuerungszentrum im Palajozerebrum gefunden wurde, wird auch die Blutzuckerregulation über Parasympathikus und Sympathikus durch Inkretdrüsen von einem zerebralen Zentrum gesteuert. Wie die Blutwärme gleich einem Thermostaten sich selbst reguliert, wirkt der Blutzucker an sich über das Kräftewerk der Regulation und Gegenregulation (Insulin, Adrenalin, Schilddrüse, Hypophyse) als sein eigener Dispensator und Balancehalter. Veränderungen am Vaguskern (DRESEL, LEVY), im Striatum (LESCHKE) beim experimentellen Pankreasdiabetes, die zentralen Veränderungen, die RIZAK beim Basedow fand, der Zusammenhang von Leberveränderungen mit nachweislichen zerebralen anatomischen Störungen (CURSCHMANN, WILSON), ferner die Aufklärung des Diabetes insipidus als Hypophysenzwischenhirnstörung, der Nachweis L. POLLAKS, daß auch beim schwersten Diabetes immer noch Insulin im Körper erzeugt wird, die Entdeckung von ANSELMINO und HOFFMANN von Hormonen, die in der Hypophyse erzeugt werden und am Inselapparat angreifen, schließlich die Entdeckung HOUSSAYS, daß der Pankreasdiabetes nach Exstirpation der Hypophyse nicht experimentell zu erzeugen ist — alle diese Erfahrungen belehren uns, daß der Diabetes nicht wie bisher ausschließlich aus dem Blickpunkt der Leber- und Pankreaspathologie zu betrachten ist. Wenn wir die große Zahl der verschiedenen Inkrete berücksichtigen, welche der winzige Körper der Hypophyse für den gesamten Organismus produzieren soll, erscheint die Annahme nicht gewagt, daß in der Hypophyse kein Endprodukt, sondern nur ein Prohormon erzeugt wird, das erst im jeweiligen Erfolgsorgan zum aktiven, organspezifischen Hormon geformt wird, gewissermaßen sein nötiges Komplement erst am Orte der Wirkung findet. Wenn wir demnach die Wirkung der Karlsbader Wässer beim Diabetes mellitus auf irgendwelche Einzelangriffspunkte zurückzuführen bisher gewohnt waren, müssen wir jetzt die Wirkung auf den Gesamtorganismus in den Vordergrund schieben. Die Grundlage für eine solche Betrachtung hat uns, wie schon im allgemeinen Teil ausgeführt wurde, WIECHOWSKI und seine Schule (STRANSKY und SGALITZER) gegeben, welche uns zeigten, daß das Karlsbader Wasser exquisit geeignet ist, weitgehende Veränderungen im Ionenmilieu hervorzurufen, im Sinne einer Transmineralisation KARL SPIROS. Daß eine solche Ionenverschiebung in den Ernährungsflüssigkeiten sich multilokulär in den verschiedensten Organen auswirken muß, liegt auf der Hand, wenn auch natürlich die besondere Bedeutung für einzelne Organe weiter bestehen bleibt. Der intensive Einfluß der Karlsbader Mineralwasserkur auf die Vorgänge in der Leber wurde in den vorangehenden Abschnitten bereits ausführlich klargelegt; dieser Einfluß kann sich auch auf die Mobilisierung bzw. Fixierung der Leberglykogens erstrecken und im Pankreas im Sinne einer aktiven Hyperämie auf die innere Sekretion auch bisher ungekannter Hormone sowie auf Produktion und Ausschüttung des Adrenalins in der benachbarten Nebenniere Einfluß nehmen. Damit könnten auch die sicheren katalytischen Einflüsse der Alkalien im Sinne SCHADES für die Gesamtverbrennung und speziell für die Aufspaltung des Kohlehydratmoleküls konkurrieren. Bei den mit Azidose einhergehenden Fällen von diabetischer Stoffwechselstörung kommt dann auch nicht nur das säurebindende Vermögen der Alkalien, sondern mehr noch ihr exquisit diuretischer Einfluß in Betracht. Wir verdanken MAGNUS LEVY und WEINTRAUD die Beobachtung, daß nach Gaben von Natriumbikarbonat die Azetonkörper im Harne ansteigen. Wir dürfen in diesem Phänomen nicht eine gesteigerte Produktion dieser für den Organismus gefahrbringenden Substanzen unter dem Einflusse der Alkalien sehen, sondern nur als erhöhte Ausschwemmung der durch das Alkali harnfähig gemachten Produkte betrachten. Auch die kolloidale Kieselsäure, die im Karlsbader Mineralwasser enthalten ist, birgt Affinität zum Pankreas, und kann möglicherweise nützlich wirken. ARNOLDI und ROUBITSCHEK sowie PAUL MAYER und die Prager Klinik PELNAR beobachteten am Diabetiker den hervorragenden Einfluß des Karlsbader Versandwassers auf die Glykämie im Sinne einer Senkung. KAUFFMANN-COSLA und ZÖRKENDÖRFER zeigten an Diabetikern, daß während der Kurzeit beim Zuckerkranken der sonst vermehrte disoxydable Kohlenstoff (SPIRO) eine wesentliche Verminderung erfährt, der Quotient C : N im Harne herabgedrückt wird, also eine Verbesserung der Gesamtoxydation im Organismus erfolgt. Endlich will ich der wichtigen Arbeiten E. GEIGERS gedenken: Durch einseitige Kartoffelkost in ihrer K-H-Toleranz geschädigte Kaninchen zeigen nach mehrwöchiger Tränkung mit Karlsbader Mineralwasser eine wesentliche Besserung ihrer Toleranz und nähern sich damit den Hafertieren, welche eine maximale K-H-Toleranz haben. Es gelang ihm auch, diesen Effekt durch Mühlbrunnen zu erzielen, dessen Alkaleszenz durch Salzsäure abgestumpft war, so daß GEIGER mit Recht diesen Mineralwassereffekt auf die K-H-Toleranz als eine komplexe Wirkung des Gesamtwassers und nicht auf die Teilqualität seiner Alkalinität zurückführt.

Am eklatantesten und am längsten nachwirkend äußert sich die Karlsbader Mineralwasserbehandlung bei den leichten und mittelschweren Fällen, welche, mit Leberschwellungen kombiniert, gleichzeitig Zeichen von Obesitas und Gicht aufweisen. *Ein günstiger Einfluß ist aber nur dann zu erzielen, wenn gleichzeitig eine rationelle diätetische Behandlung* einsetzt. Das Karlsbader Wasser an sich, ohne gleichzeitige Rücksichtnahme auf die Toleranz des Diabetikers gegenüber den Kohlehydraten, kann gegen die Schädlichkeiten einer durch fehlerhafte Ernährung immer wieder gesteigerten Hyperglykämie nur schwer ankämpfen. Will man also bei einem Diabetiker eine erfolgreiche Kur einleiten, so muß man erst über Umfang und Intensität der individuellen Stoffwechselstörung hinreichend orientiert sein. Es ist für die Kur direkt von Vorteil, wenn derselben eine Zeitlang die rein diätetische Behandlung vorausgeht. Wenn einmal durch Restriktion der Kohlehydrate und Beschränkung der Eiweißrationen in der Kost, die maximale Entzuckerung des Organismus, die größtmögliche Herabsetzung der Hyperglykämie erreicht ist, kann die Mineralwasserbehandlung ihren größten Nutzen stiften. Man orientiert sich vorerst, ob der Patient überhaupt noch eine Toleranz den Kohlehydraten gegenüber besitzt und wie groß dieselbe ist, d. h. wie viel Kohlehydrate er genießen kann, ohne Zucker auszuscheiden. Wenn man überlegt, daß die Normalkost eines Gesunden ungefähr zu $50^0/_0$ aus Kohlehydraten besteht, so ist es leicht einzusehen, daß die grundlegende Änderung der ganzen Lebensweise nicht nur psychisch von dem Kranken unangenehm empfunden wird, *sondern auch die ganze Energiewirtschaft vom Grund aus geändert werden muß, die Tätigkeit des Darms und seiner Anhänge so fundamental umgestaltet wird, daß die raschen Gewichtsabnahmen, die man meist im Beginne der diätetischen Behandlung der Diabetiker beobachtet, nicht ausschließlich auf ein etwaiges kalorisches Defizit der Nahrung bezogen werden muß.* Man hat mit Recht den Organismus mit einem Ofen verglichen. So wie aber die Öfen, deren Prinzip überall gleich ist, nach den Gegenden und klimatischen Verhältnissen und endlich nach der Art des zu benützenden Brennmaterials verschieden gebaut werden, so muß auch der Organismus gewisse Adaptierungen seiner Funktionen, bei Erhaltensein seiner Struktur vornehmen, wenn von dem normalen Heizmaterial plötzlich abgegangen wird, die Wirtschaft mit kalorisch ganz anderswertigem Materiale bestritten werden muß. Bevor der Organismus wieder maximal ökonomisch arbeitet, vergeudet er im Anfange des Umlernens einen Teil seiner stofflichen Kräfte, die er aber nach einiger Zeit, bei derselben reduzierten Kost, wieder voll hereinbringt. Dies gilt natürlich nur für diejenigen Formen, bei welchen der Ausfall der zu entziehenden Kohlehydratkalorien ganz ersetzbar ist. Ein auffallendes Symptom des chronischen Diabetes ist die Polyphagie; nach den Darlegungen von JOSLIN, der sagt, daß eine Zeit gekommen ist, wo es geradezu eine Schande ist, ein Diabetiker zu sein, geht die Polyphagie der Glykosurie voraus. Der Diabetiker ist kein Vielfraß, weil er Diabetiker ist, sondern weil er ein Vielfraß ist, wird er diabetisch. Er kommt zu dem alten Grundsatz, der von BOUCHARDAT aufgestellt, von NAUNYN und WEINTRAUD weiter entwickelt wurde, daß es für die Diabetiker gelte, so wenig wie möglich Nahrung zu sich zu nehmen und die tägliche Erfahrung bestätigt, daß bei der so stark reduzierten Kost das Hungergefühl des Diabetikers gedämpft wird.

Beim nicht azidotischen Diabetiker gehe ich folgendermaßen vor. An Stelle des von NAUNYN eingeführten Gemüsetages setze ich den Gmüse-Fisch-Tag. Der Patient bekommt früh eine Tasse Tee, zwei Sardinen und einen Schluck Kognak. Mittag eine leere Bouillon, 200 g gesottenen Fisch, Blumenkohl und Salat in unbegrenzter Menge, nachmittags einen Tee mit zwei Sardinen, Kognak und am Abend 150 g gesottenen Karpfen, Salat und Blumenkohl in unbegrenzter Menge. Der Fisch ist ungefähr um 25% wasserreicher als jedes Fleisch. Nach meiner Erfahrung ist die Eiweißempfindlichkeit der Diabetiker gegenüber dem Fischprotein nicht größer als dem vegetabilischen Protein. Zeigt sich nach einer 24stündigen Periode kein Zucker im Harn, so lege ich dem Tee einen Karlsbader Wasserzwieback, das sind 20 g K. H. zu und sehe nach 2—4 Stunden nach, ob Zucker im Harn erscheint. Ist dies der Fall, so weiß man, daß absolute Intoleranz für K. H. besteht. Oft sieht man, daß dieselbe Kohlehydratmenge, die auf blanken Tee toleriert wird, auf Suppe, Rindfleisch und dasselbe Gemüse genommen bereits Glykosurie erzeugt. Tritt kein Zucker nach der Zwiebackbelastung auf, so wird am anderen Tag der Versuch mit zwei Zwiebäcken gemacht, und zum Mittagbrot, das aus einer Suppe, 120 g Fleisch, absolut K. H.-freiem Gemüse (z. B. Rosenkohl, Salat, Gurke, Tomate, Pilze) besteht, vorerst 1 Zwieback zugelegt. Man kann auch die Toleranz nach Weißbroteinheiten bemessen; man muß sich gegenwärtig halten, daß 100 g Weißbrot zirka 60 g reinem K. H. entsprechen, 100 g Zwieback zirka 76 g reine K. H. enthalten.

Wird auch der Mittagszwieback ohne Glykosuriefolge verbrannt, setzt man auch dem Nachmittagstee und schließlich der Abendmahlzeit (100 g Fleisch, Gemüse) einen Zwieback zu. Man vermehrt die Zwiebackmenge bei der Einzelmahlzeit so lange, bis Zucker auftritt. Der Harn wird vierstündlich auf Zucker untersucht, durch 24 Stunden gesammelt, um die Tagesmenge des ausgeschiedenen Zuckers in Gramm zu berechnen. Die häufigen Untersuchungen während der 24stündigen Periode sind deshalb nötig, weil, wie vorher ausgeführt, die Toleranz gegenüber den Kohlehydraten verschieden ist, ob dieselben für sich allein oder im Rahmen einer kompletten Mahlzeit mit Fleisch genossen werden. Die K. H.-Toleranz hängt eben nicht nur von der absoluten Menge der gereichten Kohlehydrate ab, sondern auch von Form und Art der gleichzeitig verzehrten Nährstoffe, insbesondere dem Nahrungseiweiß, vielleicht auch dem Fette. Rindfleischeiweiß wirkt von den proteinhaltigen Nahrungsmitteln am meisten glykosurisch, ihm folgen Kalb und Lamm, in weitem Abstand das Fischprotein und schließlich das vegetabilische Eiweiß, wie es Kolisch schon vor langer Zeit als das für den Zuckerstoffwechsel indifferenteste Protein erkannt hatte. Worauf die Verschiedenheit in der Zuckerbildung der verschiedenen Fleischsorten zurückzuführen wäre, ist bislang nicht klar. Sie bestehen aber, wie ich beobachtete, auffällig und dürften auf die verschiedene Resorptionsgeschwindigkeit, welche, wie Falta an den verschiedenen Eiweißkörpern zeigen konnte, am meisten die Zersetzungsgröße beeinflußt, zurückzuführen sein. Möglicherweise spielen auch mittelbar bedingte, endotoxische Einflüsse eine Rolle. Magnus-Levy hat auf die Bedeutung des Schwellenwertes des Blutzuckers für die

Ausscheidung durch die Niere hingewiesen. Bei vielen Diabetikern tritt die Krankheit im Beginne als Nierendiabetes in Erscheinung, d. h. ohne Hyperglykämie, eher mit Neigung zu Hypoglykämie. SALOMON sprach von Diabetes innocuus. So ist auch die Schwangerschaftsglykosurie eine Nierenglykosurie ohne Hyperglykämie. Man kann aber mit Sicherheit keine fixe Zahl für die Höhe der Glykämie angeben, die erforderlich ist, um den Zucker harnfähig zu machen, denn auch beim Nichtdiabetiker steigt der Blutzucker nach starker Kohlehydratnahrung oft zur Höhe des Nüchternwertes beim Diabetiker, ohne daß Zucker im Harn erscheint. LICHTWITZ meint, daß der Zucker im Nierenepithel zu Glykogen umgewandelt wird. Es ist aber die große Frage, ob das beim Diabetiker in den Nieren gefundene Glykogen nicht eher ein Degenerationsprodukt ist als eine Ausscheidungsphase des Blutzuckers, für welche man wieder ein glykolytisches Ferment zur Umwandlung in den Harnzucker postulieren müßte. Wenn wir uns erinnern, daß die Insulinwirkung auch mit starker Wasserretention einhergeht, so ist es einleuchtend, daß das Organ, das die Hauptrolle zur Erhaltung des Wasseräquilibriums im Organismus spielt, die Niere, auch beim K. H.-Umsatz eine bedeutende Rolle spielen muß. Die Verschiedenwertigkeit der Proteine für den Umfang der Glykosurie könnte dann außer der Leberwirkung durch spezifisch dynamische Wirkung auf die Hypophyse, in einer Beeinflussung einer weiteren Partialfunktion der Niere, der Zuckerexkretion erklärt werden. Wir machen täglich die Erfahrung, daß ältere Diabetiker besonders mit Blutdrucksteigerung zwar starke Hyperglykämie, aber keine Glykosurie mehr aufweisen. V. NOORDEN sprach von einer Dichtung des Nierenfilters. Jedenfalls ist es eine mehr minder gestörte Teilfunktion, durch welche die Zuckerausscheidung der Niere beeinträchtigt wird. Aus dem Gesagten ergibt sich, daß wir im ganzen in der pathologischen Physiologie des Diabetes mellitus auch die Niere mehr zu berücksichtigen haben, als es meist geschieht. Wir wissen auch, daß wir durch reichliche Eiweißnahrung den Harnzucker in die Höhe treiben können, Fettzufuhr aber kaum Harnzucker oder Blutzucker zu vermehren vermag. Wir machen deshalb von den Eiweißkörpern im Kostregime nur in Grenzen Gebrauch. Im allgemeinen mache ich es zur Regel, nicht mehr Eiweiß zu geben als $^3/_4$ g pro Kilogramm Körpergewicht, also bei einem 70 kg schweren Menschen ungefähr 50 bis 55 g, das entspricht 250 g Fleisch im Tag. Ich war früher gewohnt, den kalorischen Ausfall der Kohlehydrate durch reichliche Fettzufuhr zu kompensieren, kann aber nicht leugnen, daß ich die Erfahrungen von PORGES und ADLERSBERG bestätigen muß, daß eine weitgehende Einschränkung der Fette einen überaus günstigen Einfluß auf den Ablauf der Glykosurie hat und daß ich aus dieser Erfahrung heraus die Fette im Kostzettel des Diabetikers wesentlich reduziert habe, wenn auch auf diese Weise sehr schwer mehr als 25 bis maximum 30 Kalorien pro Kilogramm Körpergewicht zu erzielen sind. Auch das Kasein, von dem so reichlich Gebrauch gemacht wird, reiche ich nur in kleinen Quantitäten. Ich habe seine antiketoplastische, also zuckerbildende Kapazität schon vor 30 Jahren beschrieben, eine Beobachtung, die auch von BORCHARDT bestätigt wurde. Es ist kaum anders möglich, *als daß beim Diabetiker die Gesetze des Wärmehaushaltes irgendwie geändert sein müssen*, sei es, daß die spezifisch dynamische Wirkung, den die Eiweißkörper auf die Hypophyse ausüben, beim Diabetiker im Sinne einer Dämpfung herabgesetzt wird, oder die Zentralsteuerung im Wärmezentrum einem anderen Rhythmus unterliegt. Tatsache ist es, daß sich der Diabetiker bei der sonst fast als Unterernährung zu geltenden Verpflegung sehr wohlfühlt und nicht vom Gewicht kommt. Einen größeren Raum weise ich dem Alkohol im Diätzettel zu; ich pflege reichlich Wein, Kognak und Weinbrand, je nach der individuellen Anlage, zu empfehlen, und zwar nicht nur wegen seines hohen kalorischen Wertes, sondern, wie OTTO NEUBAUER aufmerksam machte, weil Alkohol nicht nur die Glykosurie, sondern insbesondere die Ausscheidung bzw. Bildung der Azetonkörper bedeutend herabzusetzen vermag. Natürlich dürfen keine ausgesprochenen Gegenanzeigen, wie Herzfehler, chronische Nephritis, die Anwendung des Alkohols verbieten.

Haben wir — wie oben ausgeführt — die K. H.-Toleranz bestimmt, so versuchen wir, den Patienten noch durch 5—6 Tage kohlehydratfrei zu erhalten. Selbst wenn dann Azeton und etwas Azetessigsäure auftritt, braucht man in dem Auftreten dieser Körper noch lange kein alarmierendes Zeichen zu sehen. Man gebe etwa 20 g Natrium bicarbonicum mit Calcium carbonicum, jedenfalls so viel, bis der Harn leicht alkalisch wird, welche Merke uns anzeigt, daß der drohenden Azidose das entsprechende alkalische Paroli geboten wurde. Wenn man nicht gleich die Flinte ins Korn wirft und bei dem Auftreten der

Azetonkörper nicht gleich wieder große Mengen Kohlehydrate zuführt, hat man oft die Freude, schon nach wenigen Tagen die gefährlichen Substanzen aus dem Harn verschwinden zu sehen. In der Vorinsulinzeit habe ich Zuckerkranke gesehen, die über ein Dezennium hinaus Azeton ausschieden und dabei sich noch eines relativen Wohlbefindens erfreuten. Für das Eintreten eines Komas beim mittelschweren Diabetiker scheint nicht nur die sich verschlechternde Fähigkeit der Zuckerausnützung, sondern besondere Gelegenheitsursachen ausschlaggebend zu sein. So sah ich Koma im Anschluß an Zahnextraktionen, im Gefolge eines akuten quälenden Ekzems, einer akuten Pleuritis, bei einer Oberschenkelfraktur und Karbunkel. Nach etwa einwöchiger Kohlehydratkarenz lege ich, jeden zweiten Tag steigernd, 30 g K.H. der Tagesration zu, ohne über die Einzelgabe von 40 g Kohlehydraten hinauszugehen. Die Steigerung erfolgt nur jeden zweiten Tag. Ich gehe aber niemals zur vollen Ausnützung der Toleranz, sondern empfehle nur 70% der Toleranz zu reichen, weil nach voller Ausnützung dieselbe plötzlich sinken kann. Überhaupt ist es gewagt, wie es vielfach geschieht, die Toleranz als eine fixe Größe für ein ganzes Jahr unabänderlich festzusetzen. Es ist etwas anderes, wenn der Diabetiker im Sanatorium oder im Badeort ist, als wenn er seinem Berufe lebt. Ich halte es auch verfehlt, den Patienten wegen seiner Krankheit so in Angst zu setzen, daß er erzogen wird, gewissermaßen nur seinem Diabetes zu leben. Das beeinträchtigt nicht nur seine Lebensfreude, sondern ist auch nicht berechtigt, da bei mäßiger Lebensweise, die glücklicherweise heute schon zur Mode geworden ist, die Toleranz durch Jahrzehnte sich nicht ändern muß. Ich kenne eine ganze Reihe von Siebzigern, bei denen der Diabetes in den Dreißigerjahren beobachtet wurde. So gut sich der Zwieback für die Prüfung der Toleranz eignet, so wenig empfehlenswert ist er für die Dauerernährung. Der Diabetiker liebt das Brot, und das soll man ihm nur mit Not einschränken. Es ist notwendig, die jeweiligen Kohlehydratmengen in Äquivalentgewichten auszudrücken. Man kann das nach folgender Tabelle tun:

Weizenmehl	74,7% K. H.
Hafergrütze	67 %
Haferflocken	63 %
Reis	78 %
Makkaroni	75 %
Selbstgemachte Nudeln	52 %
Weißbrot	56,6%

Schwarzbrot	52,5%
Grahambrot	50 %
Zwieback	75 %

Praktisch kohlehydratfrei sind Fleisch, Spinat, Sauerampfer, Blumenkohl, Rosenkohl, Artischocken, sämtliche Stengelgemüse, Spargel, Blattsalat, Tomaten, Gurken, ganz junge Schnittbohnen, Pilze, Zwiebeln, Radieschen, Rettich, Meerrettich, Preiselbeeren, unreife Stachelbeeren, Zitronen, alle Gewürze (Pfeffer, Paprika, Anis, Senf usw.), der reine Alkohol in Form von Weinbrand, Korn, Rum, Whisky; Tee, Kaffee. Alle angeführten Gemüse sind zu gestatten. In früherer Zeit ließ ich die Gemüse mit Fettmengen anreichern, davon mache ich jetzt nur bei leichten Diabetikern Gebrauch, der großen Menge empfehle ich, im Tag nicht über 50 g Fett hinauszugehen. Zur Panierung kann man mit Vorteil Ei und Käse benützen. LICHTWITZ empfiehlt reichlich Eier. Ich habe aber oft gesehen, und auch LÜTHJE hat als erster darauf hingewiesen, daß gerade nach Eigelb sehr oft die Glykosurie eine Steigerung erfährt, die natürlich keine direkte sein kann, nachdem das Eigelb kohlehydratfrei ist. Gewöhnlich rate ich dem Dabetiker, die Speisen tunlichst wenig zu salzen. Auch der Salzgenuß ist vielfach schlechte Gewohnheit und läßt sich durch Erziehung ändern. Unsere ganzen diätetischen Maßnahmen haben seit der Einführung des Insulins eine wesentliche Änderung erfahren. Gewiß soll man nicht gleich jeden Diabetiker mit Insulin behandeln, aber der Diabetiker, der überhaupt keine Toleranz mehr für Kohlehydrate besitzt, ist auf das Insulin angewiesen. Wir haben aber in Karlsbad die große Genugtuung, häufig zu sehen, daß die Diabetiker, die auf Insulin eingestellt sind, ihren Bedarf an diesem segensreichen Mittel in der Kurzeit wesentlich einschränken können, ohne Zucker auszuscheiden. Man hat eine gewisse Skepsis der Wirkung der Karlsbader Wässer beim Diabetes entgegengebracht, weil es oft vorgekommen ist, daß die Toleranz nach Abbruch der Kur nicht gestiegen ist; aber selbst ein so skeptischer Beurteiler Karlsbads, wie es VON NOORDEN ist, mußte zugeben, daß auch er Fälle gesehen hat, die selbst bei Hauskuren eine Steigerung ihrer Toleranz zeigten. Man darf vom Karlsbader Wasser nicht mehr als vom Insulin verlangen. Auch die Insulinwirkung ist zu Ende an dem Tage, an dem nicht gespritzt wird, und niemand wird leugnen, daß die Einwirkung eine gewaltige ist, und so ist es auch mit dem Karlsbader Wasser. Zum Glück ist der Instinkt des Patienten, der ihn oft treibt, den Kurort wieder aufzusuchen, wie auch sonst im Leben der beste Berater. Die ewig Gestrigen in der Medizin, die nur begreifen, was sie wägen und messen können, haben auch in der Auffassung der Wirkung der Trink- und Badekuren beim Diabetes nicht recht.

Erst wenn wir durch diätetische Maßnahmen den Diabetiker auf einen möglichst niedrigen Stand seiner Hyperglykämie bzw. völlig harnzuckerfrei gemacht haben, erreichen wir mit der Karlsbader Mineralwasserkur einen nachhaltigen Erfolg. Wir ziehen beim Diabetiker vor, das Wasser in erhöhter Temperatur zu reichen, wenn nicht Gegenanzeigen von seiten des Herzens, des Kreislaufes und des Magen-Darmkanales bestehen. Wir empfehlen bei der Hauskur 4mal je 200 g 60° C warmen Mühlbrunn, in 10-Minuten-Intervallen, früh nüchtern zu nehmen, nachher Bewegung, Massage, Sport von ungefähr ³/₄ Stunden. 4 Stunden nach dem Mittagsbrot noch einmal zweimal je 200 g, dabei reichlich Gemüse. Zur Befriedigung des Hungergefühls hat sich mir die Empfehlung von Essiggurken und Sauerkraut, die den Magen füllen, sehr bewährt, auch in der Richtung, daß die bei der einseitigen Kost leicht eintretende Obstipation gemildert wird. Nicht zu unterschätzen sind ferner die Wirkungen heißer Bäder, Dampfbäder, Gasdampfbäder; schon LÜTHJE hat vor vielen Jahren die günstige Wirkung von heißen Bädern beim Diabetes beobachtet.

Die Fettleibigkeit.

Für die Behandlung der Fettleibigkeit mit Karlsbader Wasser kommt natürlich nur die ausgesprochene Mastfettsucht in Betracht.

Ich lasse hier reichlich Wasser trinken, weil dadurch auf diese Weise der Appetit wesentlich gedämpft wird. Es hat sich mir die vegetarische bzw. Rohkost in der Behandlung der Fettleibigkeit bei gleichzeitiger Anwendung des Karlsbader Mineralwassers ausgezeichnet bewährt. Ich lasse früh nüchtern bis 1 l Wasser 5mal zu 200 g in 10-Minuten-Pausen trinken, 2mal 200 g vor jedem Mittagessen, 2mal 200 g vor dem Abendessen und empfehle dazu ausschließlich vegetabilische Kost und reichlich Bewegung. Es ist nicht meine Aufgabe, hier detaillierte Kostschemen zu geben.

Hautkrankheiten.

Je mehr sich die Auffassung durchsetzt, daß pathologische Veränderungen an der Haut nicht lokale Störungen, sondern vielfach Ausdruck von Veränderungen des gesamten Stoffwechsels sind, hat sich auch die Zahl der Hautkranken, die Karlsbad aufsuchen, wesentlich gehoben. Die Haut ist hier nur das Projektionsfeld innerer Störungen. Sie ist von einem Säuremantel gedeckt, der an manchen Stellen brüchig ist. Man hat den Eindruck, daß die alte *Krasenlehre* wieder eine gewisse Berechtigung hat, wenn sie vermutet, daß gewisse Stoffe, ekzemagone[1] Körper, den Organismus im Wege der Haut verlassen. Besonders häufig sehen wir die chronische Urtikaria. Ich lasse reichlich trinken, bis zu $1^1/_2$ Liter im Tag, das sind früh nüchtern 4 Becher, Mittag 2 Becher, vor dem Abendbrot 2 Becher, im Intervall von 5—10 Minuten, Mittag 2 Becher, vor dem Abendbrot 2 Becher, auf zirka 50^0 C erwärmt, und ein Glas in Zimmertemperatur vor dem Schlafengehen. Ich beginne durch vier Tage mit einer reinen Zwiebackkost, 15 bis 20 Zwieback im Tag. Ich habe die Beobachtung gemacht, daß wenigstens ein Drittel der von mir behandelten Urtikaria auf irgendwelche Fettnährschäden (Butter, Schmalz) zurückzuführen sind. Erst nach 5 Tagen versuche ich es mit animalischem fettfreiem Eiweiß, dann Salat, und so steigernd, um zu sehen, ob ein nutritives Allergen zu entdecken wäre. Die Tatsache, daß gewisse Hautkrankheiten erst beim Klimax eintreten, oder Steigerung erfahren, und daß manche Ausdruck ausgesprochener Lipoidosen sind (Psoriasis, Xanthome, Diabetes) macht es verständlich, daß man mit der Karlsbader Wasserkur gute Erfahrungen machen kann.

[1]) Ekzemagon ist sprachlich richtiger als ekzematogen.

Manzsche Buchdruckerei, Wien IX

Moderne Ernährungstherapie für die Praxis des Arztes. Von Dr. **Rudolf Franck,** Facharzt für Innere Krankheiten und Stoffwechselkrankheiten in Leipzig. Zweite, vermehrte und verbesserte Auflage. Mit 3 Abbildungen. V, 193 Seiten. 1933. Geb. RM 7.80

Salzlose Diät. Speisezettel für 365 Tage aus der Hauptküche der Charité Berlin. Von Oberschwester **Johanna Schneider.** Mit einem Geleitwort von Professor Dr. Fr. Blumenthal, Leiter der Charité-Hautklinik Berlin. VII, 79 Seiten. 1931. RM 3.60

Richtlinien für die Krankenkost zum Gebrauch in Krankenhäusern, Privatkliniken, Sanatorien. Von Dr. **A. von Domarus,** a. o. Professor an der Universität Berlin, Ärztl. Direktor am Horst Wessel-Krankenhaus im Friedrichshain, Berlin. Vierte, vermehrte und verbesserte Auflage. IV, 80 Seiten. 1936. RM 2.70

Lehrbuch der Diätetik des Gesunden und Kranken für Ärzte, Medizinalpraktikanten und Studierende. Von Professor Dr. **Theodor Brugsch.** Zweite, vermehrte und verbesserte Auflage. X, 313 Seiten. 1919. Geb. RM 7.56

Handbuch der Ernährungslehre. Von Geh. Med.-Rat Professor Dr. **Carl v. Noorden,** Vorstand der Sonderabteilung für Stoffwechselstörungen und diätetische Heilmethoden des Krankenhauses der Stadt Wien und Professor Dr. **Hugo Salomon,** Buenos Aires. (Aus „Enzyklopädie der klinischen Medizin", Allgemeiner Teil.)

Erster Band: **Allgemeine Diätetik** (Nährstoffe und Nahrungsmittel, allgemeine Ernährungskuren). XXXIV, 1237 Seiten. 1920. RM 34.20

Zweiter Band: **Spezielle Diätetik der Krankheiten des Verdauungsapparates.**

Erster Teil: **Magen.** XIV, 460 Seiten. 1929. RM 35.10

In Vorbereitung sind:

Zweiter Teil: **Darm, Leber, Pankreas und Speiseröhre.**

Dritter Band: **Spezielle Diätetik der Infektionskrankheiten, des Harnapparates, des Blutes, der Kreislauforgane, der Atmungsorgane, der endokrinen Systeme, der Haut, der Knochen und Gelenke, des Nervensystems.**

Alte und neuzeitliche Ernährungsfragen unter Mitberücksichtigung wirtschaftlicher Gesichtspunkte. Von Professor Dr. **Carl v. Noorden,** Geh. Med.-Rat, Vorstand der Sonderabteilung für Stoffwechselstörungen und diätetische Heilmethoden des Krankenhauses der Stadt Wien. VIII, 117 Seiten. 1931. RM 6.90

GPSR Compliance

The European Union's (EU) General Product Safety Regulation (GPSR) is a set of rules that requires consumer products to be safe and our obligations to ensure this.

If you have any concerns about our products, you can contact us on ProductSafety@springernature.com

In case Publisher is established outside the EU, the EU authorized representative is:

Springer Nature Customer Service Center GmbH
Europaplatz 3
69115 Heidelberg, Germany

Batch number: 10815964

Printed by Printforce, the Netherlands